CORPO

*Coleção Filosofia Frente & Verso*
Projeto e coordenação:
Alexandre de Oliveira Torres Carrasco

Títulos publicados:
AMOR, por José Luiz Furtado
CORPO, por Leandro Neves Cardim
CORRUPÇÃO, por José Antônio Martins
DEUS, por Juvenal Savian Filho
MORTE, por José de Anchieta Corrêa

Leandro Neves Cardim

CORPO

Copyright © 2009 by Leandro Neves Cardim

Todos os direitos reservados. Nenhuma parte desta edição pode ser utilizada ou reproduzida – em qualquer meio ou forma, seja mecânico ou eletrônico, fotocópia, gravação etc. – nem apropriada ou estocada em sistema de bancos de dados, sem a expressa autorização da editora.

*Preparação:* Ronald Polito
*Revisão:* Maria Sylvia Corrêa
*Capa:* Andrea Vilela
*Imagem de capa:* Michelangelo Buonarroti / The Bridgeman Art Library / Gethyimages

Dados Internacionais de Catalogação na Publicação (CIP)
(Câmara Brasileira do Livro, SP, Brasil)

Cardim, Leandro Neves
• Corpo / Leandro Neves Cardim. – São Paulo : Globo, 2009 – (Coleção Filosofia frente & verso / coordenador Alexandre de Oliveira Torres Carrasco)

Bibliografia
ISBN 978-85-250-4791-5

1. Alma 2. Corpo humano 3. Corpo humano (Filosofia) 4. Filosofia I. Carrasco, Alexandre de Oliveira. II. Título. III. Série.

09-11469                           CDD-128

Índice para catálogo sistemático:
1. Corpo : Leituras filosóficas 128

Direitos de edição em língua portuguesa
adquiridos por Editora Globo S. A.
Av. Jaguaré, 1485 – 05346-902 – São Paulo, SP
www.globolivros.com.br

# Sumário

Advertência . . . . . . . . . . . . . . . . . . . . . . . . . . . . . *11*

### Primeira parte
Os fundadores: a harmonia entre o corpo
e a alma . . . . . . . . . . . . . . . . . . . . . . . . . . . . . *19*
Descartes: a distinção e a união do corpo
e da alma . . . . . . . . . . . . . . . . . . . . . . . . . . . . *29*
Maine de Biran: a coexistência do corpo
e do eu — o fato primitivo . . . . . . . . . . . . . . . *39*

### Segunda parte
Kant: a dessubstancialização do corpo
e da alma . . . . . . . . . . . . . . . . . . . . . . . . . . . . *47*
Husserl: o corpo objetivo e o corpo subjetivo . . . *51*
Bergson: o corpo imenso e o corpo mínimo . . . . *61*
Nietzsche: a pequena razão e a grande razão . . . *71*

### Terceira parte
Merleau-Ponty: a ambiguidade da experiência
do corpo próprio . . . . . . . . . . . . . . . . . . . . . . *87*

EPÍLOGO
Foucault: a história política do corpo —
disciplina e regulamentação .............. *127*
Deleuze: o corpo sem órgãos ............... *145*

Ensaiando leituras ....................... *147*

Bibliografia ............................ *173*

*Deixa o teu corpo entender-se com outro corpo.*
*Porque os corpos se entendem, mas as almas não.*
　Manuel Bandeira — "Arte de amar", 1948

A nós, filósofos, não nos é dado distinguir entre corpo e alma, como faz o povo, e menos ainda diferenciar alma de espírito. Não somos batráquios pensantes, não somos aparelhos de objetivar e registrar, de entranhas congeladas — temos de continuamente parir nossos pensamentos em meio a nossa dor, dando-lhes maternalmente todo o sangue, coração, fogo, prazer, paixão, tormento, consciência, destino e fatalidade que há em nós. Viver — isto significa, para nós, transformar continuamente em luz e flama tudo o que somos, e também tudo o que nos atinge; *não podemos agir* de outro modo.

Nietzsche — 1886

# Advertência

São tantas as entradas para se estudar a noção de corpo. Hoje em dia, temos à nossa volta fenômenos muito intrigantes que o envolvem. Por exemplo, o corpo das modelos, o corpo perfeito produzido em academias, o corpo dos supersoldados do cinema, as artes corporais, a destruição intencional do corpo, as situações corporais vividas pelos prisioneiros de Guantánamo... Um estudo sobre o corpo nos dias de hoje poderia, sim, partir de qualquer uma dessas práticas e usos do corpo. Porém, o ponto de vista adotado aqui para trilhar um caminho de investigação é o da história da filosofia. Pretendemos que este livro seja uma apresentação geral de alguns momentos de inflexão radical no processo de estabelecimento da noção de corpo. Para isto, procuramos oferecer ao leitor ao mesmo tempo um quadro teórico e algumas categorias filosóficas que possam ajudá-lo na interpretação do fenômeno corporal.

À medida do possível, tentamos nos aproximar ao máximo dos próprios textos que realizam esta discussão.

Este livro não pretende esgotar a questão, muito menos abordar todos os autores que trataram do assunto. Gostaríamos que esse estudo ajudasse a cultivar o gosto pela paciência que requer o estudo conceitual em filosofia. Aqui, ter paciência equivale a uma espécie de arte, isto é, a uma arte da interpretação e da leitura. Como o livro não é muito grande, isso ajudará o leitor a praticar ou ter a paciência de que falamos, pois ele poderá demorar-se nas partes que mais lhe agradaram ou com as quais não concordou. Ele poderá ler com mais lentidão os trechos que repercutiram melhor. Este tempo dilatado da leitura proporcionará algo interessante: o leitor poderá investigar aquilo que está atrás, mas também o que está à frente do que vai sendo apresentado e discutido. Ele encontrará múltiplos caminhos a percorrer se souber, ao invés de fechar as entradas que procuramos deixar abertas, segui-los. Essa leitura paciente que propomos tem como objetivo ressaltar o fato de que, por ocasião dessa lentidão ou paciência, as mesmas passagens poderão aparecer sob uma luz inteiramente diferente. O leitor ganhará se souber — como dizem alguns filósofos — "ruminar" lenta e profundamente os trechos em uma primeira e, principalmente, em uma segunda leitura. Ele perceberá que é somente assim que, aos poucos, nos apropriamos do que já foi dito e o transformamos.

Quem começar a ler este livro pensando em encontrar alguma espécie de atualização da noção de corpo ficará decepcionado. É verdade que, depois dessa leitura, poderá ser feita uma interpretação mais acurada do fenômeno "hoje", mas o que visamos aqui é um recorte histórico que privilegia, de modo subliminar, o diálogo entre aquilo que se convencionou chamar de corpo objeto e corpo sujeito. É um fato que a língua portuguesa, assim como a francesa, por exemplo, não possua, como o inglês e o alemão, duas palavras diferentes para designar o corpo material que tenho e o corpo vivo que sou. Veremos que essa distinção tem uma história que vale a pena ser rememorada. Nosso texto pode ser lido, então, como a narrativa das aventuras desse par de conceitos. Para concretizar esta tarefa é que alguns autores foram postos em relevo. Assim, esperamos que os interessados possam aceitar a seguinte sugestão: se um filósofo ou período crescer em interesse, seria aconselhável continuar a investigação e estabelecer conexões entre as filosofias e seus meios naturais e históricos. Esse procedimento tende a dar chão para quem quer ler o fenômeno historicamente. O interessado poderá, assim, procurar saber o que há entre tais balizas teóricas, momento em que acabará por descobrir ou ser reenviado ao mundo natural e histórico.

O pressuposto teórico do qual partimos afirma que não é vão estudar a filosofia do ponto de vista da história da filosofia, já que esse referencial ajuda a reconhecer que os verdadeiros filósofos, ou melhor, os grandes filósofos são aqueles que criam novos conceitos. Se esta hipótese se confirmar, será preciso reconhecer, por outro lado, que há uma historicidade das questões no interior da própria história da filosofia. Se há criação de novos conceitos, é preciso compreender que é sempre um mesmo problema que está sendo retrabalhado pelos filósofos. A obra de um filósofo é a resposta aos enigmas de seu tempo! Quando interrogamos a obra de um filósofo devemos nos dar conta de que se sua obra é bem-sucedida, ou seja, se suas interrogações e respostas aos enigmas de seu tempo são fecundas, isso se deu porque tal obra é determinada pelo modo como ele vive a apreensão do passado, do presente e do futuro. A maneira pela qual uma filosofia exprime suas preocupações deve estar estreitamente relacionada com uma leitura do presente. Vem daí o aprendizado que as filosofias podem nos dar: é preciso extrair da maneira com que manifestaram e responderam suas preocupações, um modo para que nós mesmos possamos esboçar uma interrogação e uma resposta nascidas no interior do tempo presente. As filosofias apresentadas aqui carregam uma historicidade que as alimentam por dentro. Procuramos, então, retomar e deixar em aberto as discussões para que de algum modo se possa retirar, da leitura de tais filosofias, novos ecos e novos relevos.

Procuramos apresentar os acontecimentos conceituais de tal modo que o objetivo proposto pudesse ser alcançado, e isto, sem abrir mão do cuidado com a linguagem e com a harmonia de conjunto. Mas todos esses cuidados não são suficientes para cobrir as inúmeras lacunas inevitáveis, principalmente, na passagem das filosofias tomadas isoladamente. Como minimizar essas lacunas e fissuras? Como remediar tanto as lacunas históricas quanto as conceituais? Esses são dois riscos que temos de correr ao assumir a perspectiva da gênese dos conceitos, isto é, a delineação de sua origem histórica, que termina transformando o sentido do fenômeno. Assim, analisaremos a questão do corpo sob um duplo ponto de vista: o cronológico e o temático. Nosso objetivo é acompanhar o aparecimento da noção de corpo no interior do pensamento ocidental a partir dos primeiros pensadores gregos até alcançar algumas abordagens contemporâneas. Esses cortes relativamente cronológicos se deixam guiar, sobretudo, pelos perfis temáticos que nos interessam. Este procedimento busca colocar em relevo os eixos segundo os quais os conceitos foram, aos poucos, descentrados e reorganizados.

Para remediar as lacunas que um projeto como este não pode evitar, sugerimos que o leitor adote a perspectiva do trabalho intelectual. Ele deverá, por um lado, assumir como tarefa a lentidão da leitura, por outro, ele precisará desdobrar a pesquisa em livros de apoio que o leve mais adiante. Ele ganhará muito em debruçar-se sobre as próprias fontes filosóficas. Por fim, as lacunas e as fissuras presentes neste livro têm um lado positivo: elas destacam o papel de intérprete que o leitor terá de assumir.

\* \* \*

Quanto às citações que foram feitas no corpo do texto, a grande maioria das traduções utilizadas foram retiradas de edições brasileiras que se encontram discriminadas na bibliografia. No caso de livros citados por siglas, elas reenviam diretamente às primeiras letras de cada palavra do título do livro em questão.

# PRIMEIRA PARTE

## OS FUNDADORES: A HARMONIA ENTRE O CORPO E A ALMA

QUANDO INTERROGAMOS a noção de corpo, deparamo-nos com uma longa tradição que se encarregou de empreender uma célebre oposição e distinção. A distinção e a oposição estabelecidas entre o corpo e a alma são tributárias de uma história que em larga medida se identifica com nossa tradição científica, filosófica e moral. É verdade que essa situação se tornou muito evidente. Mas se investigarmos sua origem, seremos forçados a reconhecer que ela tem um nascimento bem preciso, assim como uma história muito peculiar. Lembremos de que a dicotomia estabelecida pela ciência e filosofia ocidental não tem equivalentes em outras culturas. Ao refletirmos sobre qualquer um dos ramos dos saberes humanos, é forçoso reconhecer que a oposição não dá apenas os termos da questão, mas também seus horizontes. Compreende-se, então, a importância preliminar de se recontar a história do estabelecimento, ou melhor, da instituição disto que chamamos corpo.

Desde a aurora do pensamento ocidental — desde os filósofos gregos como Platão (429-347 a.C.) e Aristóteles (348-322 a.C.) —, foram estabelecidas séries de separações e correlações entre a alma e o corpo que valem a pena serem lembradas. Antes de Platão e Aristóteles, época em que os filósofos pré-socráticos habitavam a Grécia antiga, não se colocava a questão da oposição entre o corpo e a alma. As concepções de filósofos gregos como Heráclito de Éfeso (c. 540-470 a.C.), Parmênides de Eleia (c. 530-460 a.C.) e Empédocles de Agrigento (c. 490-435 a.C.) estavam estreitamente ligadas a uma cosmologia muito particular, assim como se encontravam ligadas a uma física dos quatro elementos (água, terra, fogo e ar) em que eles poderiam ser separados e reunidos sem que houvesse efetiva oposição e distinção. Pode-se dizer que nessa época a alma e o corpo não se opunham como será o caso mais tarde.

Que se consulte a este propósito a *Ilíada* de Homero (século VIII a.C.) — em particular os últimos três Cantos — em que Aquiles, antes mesmo de lutar com Heitor, se recusa a fazer o acordo segundo o costume. Esse acordo consistia no fato de que seria permitido um enterro digno e adequado ao que fosse derrotado. Aquiles se recusa a assumir esse trato, mata Heitor, ridiculariza seu cadáver diante dos portões de Troia e sob os olhares de seu pai e rei, Príamo. Aquiles não permite que o corpo de Heitor seja devolvido aos seus para ser velado e diz que seu corpo servirá de alimento às aves de rapina. Somente depois que o próprio rei vai durante a noite às escondidas até a tenda de Aquiles e suplica por seu corpo que o herói cede. Só então, Heitor recebe o funeral apropriado e as honras fúnebres. Na tragédia *Antígona* de Sófocles (496-406 a.C.) há uma situação parecida. Vale lembrar que os irmãos Etéocles e Polinices (filhos de Édipo e Jocasta) foram mortos um pelas mãos do outro em disputa pelo trono de seu pai. Creonte, irmão de Jocasta, ao assumir o trono de Tebas, edita uma lei que proíbe o sepultamento de um dos dois irmãos, Polinices, e aquele que o fizesse seria condenado à morte. Já Etéocles, morto enquanto tentava defender a cidade atacada por seu irmão, deveria receber funeral de herói. É nesse contexto que Antígona (uma das duas filhas de Édipo e Jocasta) decide conceder as honras fúnebres a Polinices, seu irmão. Ela faz isso motivada por seu direito de enterrar Polinices, mesmo passando por cima do edito do rei. O funeral em questão era, para Antígona, um ato justo mesmo sendo proibido. Assim, ela violaria as leis do rei, mas não as leis dos costumes. Essas duas histórias devem nos fazer entender algo valioso sobre a situação do corpo no mundo grego antigo: era importantíssimo enterrar o cadáver para que a alma pudesse se separar do corpo e juntar-se ao reino das sombras, para, enfim, regenerar-se para um novo nascimento em um novo corpo. A lição a ser tirada destes relatos consiste em que o corpo e a alma compunham um único todo indivisível, vivo e visível!

O homem grego dava muita atenção a seu corpo, ele o cultivava, por exemplo, por meio da ginástica e da alimentação. Os gregos também se preocupavam com a saúde, com o meio circundante e as circunstâncias. Isso os ajudava a lutar em duas frentes: por um lado, contra a velhice e, por outro, os permitia tornar mais bela e nobre a alma. Corpo e alma deviam ser concebidos de modo harmônico. É essa harmonia que possibilitava a representação do corpo nas pinturas, nos afrescos e nas esculturas. É nesse sentido que o escultor Policleto de Argos (c. 480-420 a.C.) foi tão bem-sucedido. Ele nos deixou uma escultura chamada *Doríforo* que exprime muito bem o cânone clássico da beleza: aqui, a figura humana é expressa com o máximo de equilíbrio e harmonia, há perfeita proporção entre as partes do corpo humano, e era isso que impressionava os gregos da época. Assim, era possível encontrar, entre as partes do corpo, uma proporção perfeita que seria compreensível em relações numéricas precisas. Havia, então, uma relação interna entre a forma perfeita e as figuras geométricas. Este pensamento pode ser vislumbrado em um escrito de Xenofonte (c. 430-355 a.C.) chamado *Memoráveis*, em que Sócrates (470-400 a.C.), em uma visita a um amigo pintor, diz que é preciso que a pintura produza não só a semelhança das coisas que vemos, mas também das que não vemos.

Coube ao platonismo o gesto teórico de fundação da oposição entre o corpo e a alma. Para Platão, há antítese e antagonismo entre a alma e o corpo, esses dois extremos seriam contrários um ao outro. Não se trata de dizer que Platão e seus seguidores foram os responsáveis pela objetivação de qualquer um dos extremos em oposição. Seria em vão procurarmos nos textos platônicos algum indício de disciplinas como a medicina e a psicologia tal como as entendemos hoje. Mesmo que este filósofo defenda a tese de uma oposição entre o corpo e a alma, resta que a maneira com que ele concebe essa oposição está ainda muito longe das concepções com as quais cientistas e filósofos pensam, hoje, a mesma questão. Para Platão, o que importa verdadeiramente é a realidade do mundo das ideias, ou antes, a própria Teoria das Ideias que polariza a alma que se move a si mesma de seu próprio interior; a alma é seu próprio princípio de movimento, ela preexiste ao corpo, é imaterial e imortal (cf. *Fedro* 245d-246a). Já o corpo é movido pela alma e é, ao mesmo tempo, cárcere ou prisão da alma assim como seu túmulo; o corpo é material e mortal (cf., para o tema da prisão, *Fédon* 62b, "espécie de prisão o lugar onde nós, homens, vivemos, e é dever não libertar-se a si mesmo nem evadir-se"; para o tema do túmulo, conferir *Crátilo* 400c onde o corpo aparece como a "sepultura da alma, por estar a alma em vida sepultada no corpo"; ou ainda, e em uma formulação mais poética, Platão fala no *Fedro* 250c de um "cárcere de morte que com o nome de corpo carregamos conosco e no qual estamos aprisionados como a ostra em sua casca"). Por um lado, a alma é congênita ao mundo das Ideias, ela "se assemelha ao que é divino, imortal, dotado da capacidade de pensar, ao que tem uma forma única, ao que é indissolúvel e possui sempre do mesmo modo identidade"; por outro, o corpo "equipara-se ao que é humano, mortal, multiforme, desprovido de inteligência, ao que está sujeito a decompor-se, ao que jamais permanece idêntico" (*Fédon* 80b) e está ligado ao desejo ou à pulsão amorosa. Em diálogos como *O banquete*, a ascensão dialética faz com que haja uma espécie de equilíbrio e união entre os dois polos, o que acaba por arrastar o homem por inteiro para a contemplação do Belo absoluto.

No diálogo de maturidade chamado *Timeu*, Platão apresenta ideias que tentam moderar a tendência opositiva de sua concepção apresentada no *Fédon* assim como em seus diálogos de juventude. No *Timeu*, ele conta a história do universo até a geração do homem, fala da estrutura do corpo, das relações dele e da alma, assim como das doenças. É verdade que para Platão o corpo seja prisão e túmulo, mas também é preciso lembrar, como faz o diálogo chamado *Filebo*, que ele reflete a estrutura do mundo ou do universo. No *Timeu*, o mundo é apresentado como "um animal visível que abrange todos os animais visíveis, um deus sensível feito à imagem do inteligível, supremo em grandeza e excelência, em beleza e perfeição: este céu único e singular em sua espécie" (92c). Apesar destes pensamentos sobre o mundo e sobre a relativa conjunção da alma e do corpo, permanece uma espécie de finalismo do mundo inteligível que polariza tudo em direção à alma racional, afinal, "o mais urgente e importante é envidar esforços para deixar a parte destinada a governar tão bela e boa quanto possível, para bem exercer o seu papel de governante" (*Timeu* 89d). O importante a ser notado é que a abordagem da oposição entre a alma e o corpo no pensamento platônico deve estar relacionada com o pensamento verdadeiro, a imortalidade da alma, o destino, a educação, o desejo, o automovimento da alma, o lugar do homem na ordem do universo, bem como a relação do humano com o divino. Assim, é através da alma que os deuses influenciam os homens, os quais devem ser justos e dominar a si mesmos. Uma vez instalada a harmonia no domínio do corpo, esse será compreendido como signo da qualidade da alma, pois é "por intermédio do corpo que a alma dá expressão ao que quer manifestar" (*Crátilo* 400c).

É preciso atribuir um lugar especial ao pensamento de Aristóteles, afinal, ele permanece a referência no que diz respeito a uma definição da alma como forma interior da vida, da alma como estreitamente ligada ao corpo. Com instrumentos muito diferentes dos de Platão, Aristóteles leva a cabo uma espécie de síntese filosófica daquilo que é próprio ao humano. Desse pensamento dá testemunho seu livro *De anima* (II, I), em que a alma é compreendida como forma do corpo. Por um lado, o homem tem um lugar entre a investigação da natureza e a ciência das coisas primeiras e divinas; ele pertence à natureza. Por outro lado, o homem deve elevar-se à contemplação das realidades transcendentes e eternas. Em contraste com Platão, vale notar que o fim daquilo que é (o ser) e do agir humano não está no mundo ideal, mas na matéria animada pelo dinamismo da forma que lhe é própria e constitui seu núcleo inteligível. "Revela-se que, na maioria dos casos, a alma nada sofre ou faz sem o corpo, como, por exemplo, irritar-se, persistir, ter vontade e perceber em geral; por outro lado, parece ser próprio a ela particularmente o pensar" (*De anima* I, I, 403a3).

Para a filosofia aristotélica, a alma deve ser entendida como um princípio vital que é o ato de todo ser vivo. Mais ainda: a alma é o ato do corpo organizado. Se a alma está compreendida na natureza, cabe ao estudioso da natureza estudá-la (cf. *De anima* I, 403a29). Como todo ser vivo, o homem é composto de alma e de corpo. É verdade que o homem possui características comuns aos seres vivos como, por exemplo, a nutrição. Mas as gradações que Aristóteles estabelece mostram aquilo que é próprio ao homem: a função da sensação e a função intelectiva. Dizer que o homem é um animal racional corresponde à ideia de que sua diferença específica com os animais consiste em que ele possui fala, discurso ou razão. O homem não é um ser puramente natural. Ele é, também, um ser que tem paixões e desejos e é um animal político; ele só se realiza na vida comum. Uma vez que o domínio da práxis é especificamente humano e autônomo, isso significa que a práxis é um domínio de racionalidade em que a vida ética e política devem ser guiadas pela razão. Desde então, é no campo da vida ética e política que se manifesta a finalidade humana, momento em que o homem exerce sua razão. Para Aristóteles, o homem é um animal vivo e capaz de uma existência política.

# DESCARTES:
## A DISTINÇÃO E A UNIÃO DO CORPO E DA ALMA

A REVOLUÇÃO OPERADA EM FILOSOFIA pelo francês René Descartes (1596-1650) anda de mãos dadas com a revolução operada pelo italiano Galileu Galilei (1564-1642) em ciência. Ambas as concepções influenciam radicalmente a compreensão que o homem faz de si mesmo, assim como abrem um novo espaço epistemológico e moral. O pensamento e as ciências desta época são críticos radicais da filosofia aristotélica e cristã, que imperaram durante toda a Idade Média. Agora, à ideia de que o homem é um animal racional, acrescenta-se o esquema mecanicista que, por sua vez, se estende a todas as dimensões da experiência. Para Descartes, é preciso reconhecer a importância do método como ponto de partida para a construção do saber. O ensinamento do método consiste em que devemos descobrir algumas verdades de modo metódico: o pensamento puro, a correspondência ou adequação da ideia ao ideado ou do sujeito e do objeto, a existência e a veracidade divinas, a imortalidade da alma e a união e a distinção real entre a alma e o corpo. Em relação a este último ponto, vale a pena começar dizendo que Descartes estabelece a subjetividade ou interioridade da coisa pensamente (o sujeito) por oposição radical à exterioridade do corpo (o objeto). Esse dualismo é radicalmente diferente da oposição platônica. Afinal, uma vez que o espírito se identifica com a coisa pensante e o corpo com a coisa extensa, resta-nos o destino triunfante que o filósofo já havia estipulado em 1637 na primeira exposição sistemática de sua filosofia (*Discurso do método. Para bem conduzir a própria razão e procurar a verdade nas ciências.*): sermos senhores e possuidores da natureza, ou melhor, conhecer e dominar o mundo. Diga-se, de passagem, que Descartes publica, nessa mesma obra, três ensaios científicos: a *Dióptrica*, os *Meteoros* e a *Geometria*. Não se trata de dizer que ele tenha apresentado a matemática como o próprio método. Ele se interessa por uma matemática universal que não leva em consideração objetos particulares, mas somente a ordem e a medida. O método torna-se um instrumento que ajuda a representar as coisas de modo adequado, ele ajuda a controlar cada um dos passos dados e permite deduzir algo desconhecido de algo conhecido. O método procura, mais do que a própria matemática, o ideal matemático.

A concepção cartesiana do corpo não é de estilo platônico, no sentido de que o sensível seria oposto ao inteligível. Ela também não é de estilo aristotélico — a alma como forma do corpo. A concepção cartesiana do corpo também não é derivada da concepção tomista, para a qual seria preciso evocar a encarnação para justificar a ideia aristotélica. Enfim, ela não é materialista, pois não se trata, para Descartes, à maneira de Epicuro (c. 341-270 a.C.), de considerar a alma como um composto material de átomos, o que terminaria por negar a existência da alma. Para Descartes, o corpo deve ser apresentado em uma dupla perspectiva: ao mesmo tempo vivo e inerte, corpo que sou e corpo que tenho. Descartes não reduz o corpo apenas a um objeto físico, ele também é um objeto de estudo psicofisiológico no nível das paixões da alma. Em relação ao tema do corpo, é preciso frisar, em primeiro lugar, a questão do dualismo radical: por um lado, temos o espírito que se manifesta no fato de sermos seres pensantes, por outro, temos o corpo, o qual obedece tanto aos movimentos quanto às leis que impelem todas as máquinas; aqui, o corpo é sinônimo de extensão. É o pensamento puro que traz grande inovação à concepção da distinção e da união da alma e do corpo. Se em Aristóteles a matéria era habitada por um movimento, a alma, para Descartes e seus sucessores o mundo será compreendido como uma grande máquina que deve ser analisada pelo sujeito pensante. Donde o corpo humano encontrar-se alojado entre os artefatos e as máquinas. Sob essas circunstâncias, o corpo-máquina é manipulado e dominado tendo em vista o modelo mecanicista; é o modelo da máquina que torna possível a compreensão do corpo. Vem daí que a única diferença entre os animais entendidos como máquinas e os homens que possuem um corpo-máquina seja a presença do espírito que se manifesta na linguagem: por um lado, o homem sabe usar as palavras, por outro, ele age tendo em vista o conhecimento. Tanto a alma quanto o corpo são substâncias que têm atributos diferentes e que podem ser concebidos um sem o outro: o atributo da alma é o pensamento, o atributo do corpo é a extensão. Descartes confere a eles completa autonomia e independência, ou melhor, pensamento e extensão são exteriores um ao outro.

Com o dualismo trata-se de compreender apenas um dos momentos do sistema cartesiano, no qual há duas substâncias diferentes que caracterizam a natureza humana. Esse pensamento da distinção radical repousa, todavia, sob outro momento do sistema: a união ou a mistura total entre a alma e o corpo. Esse é o segundo ponto que deve ser notado em relação à filosofia de Descartes. A propósito, foi para pedir um esclarecimento da realidade dessa união que a princesa Elisabeth escreve uma carta para Descartes entres os dias 6 e 16 de maio de 1643. Ela queria saber "como a alma do homem pode determinar os espíritos do corpo, para fazer ações voluntárias (sendo apenas uma substância pensante)". Dito de outro modo: como conceber a união e a separação da alma e do corpo? Se a alma e o corpo são substâncias heterogêneas, como explicar que elas possam entrar em relação? Como compreender que a alma seja realmente distinta do corpo e tão estreitamente ligada, conjugada e unida a ele que — a alma e o corpo — componham uma mesma coisa, o corpo que sou? A tese da heterogeneidade das substâncias e a tese da interação física pareciam inconciliáveis. A pergunta da princesa tem, no limite, um perfil materialista, pois ela sugere que se a alma pode determinar os movimentos do corpo, talvez seja porque de certa forma a alma seja homogênea ao corpo, ou melhor, talvez ela possua alguma materialidade.

Do ponto de vista de Descartes não há dúvidas: não é preciso escolher entre a heterogeneidade e a união. A incompatibilidade das duas teses é derivada, na verdade, de um engano em relação ao método, pois a união não é algo que se deva explicar, ela só é compreensível pelos sentidos e seria em vão que tentássemos explicá-la pelo entendimento. As explicações de Descartes parecem não bastar e o problema da união permanecerá em foco para seus sucessores. Pode ser que os sucessores de Descartes não tenham entendido bem suas teses sobre a questão da união. Uma coisa, pelo menos, é certa: sua demonstração da distinção ganhou muito mais destaque na história da filosofia do que o modo com que ele explicou a união. Não é correto dizer que Descartes seja o filósofo responsável unicamente por estabelecer o dualismo absoluto com o qual até hoje estamos enredados. Trata-se, aí, muito mais de uma consequência das teses cartesianas no terreno crítico da posteridade do que uma constatação propriamente textual presente em sua filosofia. Para ele, a distinção é posta a partir de sua união, o dualismo é posto do próprio interior da união, e não o contrário, ou seja, um problema da união que é posto a partir de sua distinção. Esta segunda posição é justamente a dos intérpretes de Descartes.

Em uma das cartas de resposta a Elisabeth datada de 28 de junho de 1643, Descartes explica à princesa que é preciso levar em consideração três noções primitivas: as ideias que temos da alma, do corpo e da união que há entre a alma e o corpo. A primeira deve ser concebida através do entendimento puro; a segunda também deve ser compreendida pelo entendimento, só que com a ajuda da imaginação; a terceira é conhecida "mui claramente pelos sentidos", diz Descartes. E ele acrescenta: "usando somente a vida e as conversações comuns, e abstendo-se de meditar e estudar as coisas que exercitam a imaginação, é que se aprende a conceber a união da alma e do corpo". Há, então, a afirmação de que a distinção deve ser esquecida na vida diária ou nas conversas do dia a dia. Como compreender a passagem do dualismo à existência percebida? Essa passagem não é compreendida de modo claro e distinto, pois há o obstáculo próprio aos sentidos e ao mundo sensível e histórico. Ao se deparar com tais obstáculos, Descartes conclui que se trata de uma barreira intransponível devido ao caráter obscuro e confuso das experiências mundanas. É isso que permite que o sujeito tenha unicamente uma relação de contato com o mundo exterior e nunca de saber. Embora a coisa pensante e a coisa extensa estejam de direito separadas, de fato, elas se encontram unidas e formam um composto indissociável. O espírito não está alojado no corpo como um piloto em seu navio. As ideias confusas da vida cotidiana devem nos ensinar que a relação da alma e do corpo não é de justaposição. A propósito, é precisamente o misto psicofisiológico que é formado pela união. O espírito forma com o corpo um único todo, de modo que não se pode separar, na vida prática dos homens, o que diz respeito a apenas uma das duas substâncias separadas. No registro da união substancial, a alma e o corpo estão intimamente associados. Não estamos reduzidos ao puro mundo intelectual, onde o entendimento dá o corpo que não sou eu, ou melhor, dá apenas o corpo que tenho e não o corpo que sou. É isto que os sentimentos de dor, fome e sede nos ensinam: o sentido dessas sensações está na mistura do corpo e da alma.

Mesmo sendo um fato irrecusável da experiência, a união entre as substâncias — a alma e o corpo —, não pode ser concebida clara e distintamente como prescreve o método. A união estará sempre subordinada ao conhecimento por ideias. Como conciliar a união substancial e os princípios metafísicos da doutrina? A opção de Descartes é pela incompreensibilidade teórica da questão; sua solução estaria em Deus, o que acaba por resguardar a realidade e o caráter verdadeiro de tal união; afinal, Deus seria o "autor racional de nossa situação de fato". No nível da união, o entendimento só conhece as coisas de modo obscuro e confuso, e essa união só pode ser compreendida no nível dos sentidos e da experiência da vida. A questão da união não deve ser tratada teoricamente, esta mistura é obscura e incompreensível à luz da razão.

Do ponto de vista dualista, a união é um obstáculo ao conhecimento verdadeiro. Porém, esse dualismo mostra seus limites quando tentamos compreender o fenômeno humano. Descartes retoma a metáfora aristotélica do piloto em seu navio para dizer que não adianta nada colocar a alma ou o sujeito em um corpo ou objeto; o corpo não é um instrumento para a alma. Se a alma não se serve do corpo como um instrumento é porque, agora, ela se relaciona com o corpo assim como um artesão opera suas ferramentas (cf. "Respostas às quintas objeções", §506). Portanto, se a distinção é a própria condição de uma física racional, resta que se a aplicamos ao homem em sua vida diária, ela não faz justiça àquilo que ele é em sua experiência de fato. Desde então, a união da alma e do corpo remete a outro ponto: ela subentende a existência de um ponto de junção.

Em 1649 no tratado *As paixões da alma* (§31), Descartes defende a tese de "que há uma pequena glândula no cérebro, na qual a alma exerce suas funções mais particularmente do que nas outras partes". No universo psicofisiológico de Descartes é a glândula pineal que é a sede física desta união, ou melhor, o ponto de contato entre a alma e o corpo ou a "principal sede da alma". Não se trata, porém, de dizer que a alma encontra-se dentro da glândula pineal, muito menos que ela se concentraria nesse ponto material. O interesse cartesiano em torno dessa glândula está em que nela seria possível observar a correspondência dos movimentos da alma e do corpo. Descartes supunha que a glândula pineal podia abrigar a alma e sugerir a encarnação de suas funções. Mais do que um ponto de passagem entre a alma e o corpo, a glândula pineal seria o lugar em que uma transitividade efetiva estaria em obra. Seria nessa glândula que se formariam os espíritos animais — espécie de matéria muito sutil e ágil — que depois se distribuiriam por todo o corpo. É porque a alma encontra um lugar privilegiado para agir na glândula pineal que o sujeito tem a chance de controlar suas ações e suas paixões.

Descartes foi extremamente ridicularizado por causa desses pensamentos em torno da glândula pineal, e isto, em seu próprio tempo. Barcuch de Espinosa

(1632-1677) foi um dos filósofos que não estava de acordo com as teses cartesianas, expondo a própria tese cartesiana no Prefácio à Quinta Parte de seu grande livro escrito em 1675 e publicado em 1677: *Ética, demonstrada à maneira dos geômetras*. Espinosa ironiza aqueles que "inventam uma sede e habitáculos para a alma". Estes, "provocam o riso ou então a náusea" (*Ética*, II, XXXV, Escólio). Segundo este filósofo, "ninguém até aqui determinou o que pode o corpo, isto é, a ninguém até aqui a experiência ensinou o que o corpo, a partir somente das leis da natureza, considerada apenas enquanto corpórea, pode fazer e o que não pode, sem ser determinado pela mente. Pois ninguém até aqui conheceu tão acuradamente a fábrica do corpo que pudesse explicar todas as suas funções" (*Ética*, III, II, Escólio). As hipóteses em torno desse tema trouxeram, até hoje, muitos problemas e provocaram muitas outras interpretações. Ainda no século XVII, várias teorias foram suscitadas a propósito das relações entre a alma e corpo: a teoria de Espinosa de que existe apenas uma substância da qual o pensamento e a extensão são modos, a teoria das causas ocasionais de Malebranche (1638-1715) e a teoria da harmonia preestabelecida de Leibniz (1646-1716).

# MAINE DE BIRAN:
## A COEXISTÊNCIA DO CORPO E DO EU — O FATO PRIMITIVO

Já entre o século XVIII e o XIX, o filósofo francês Maine de Biran (1766-1824) traz uma colaboração fundamental para a questão do corpo. Em seu *Ensaio sobre os fundamentos da psicologia* de 1812, ele defende a tese de que o objeto da psicologia é o eu, ou antes, o "sentimento íntimo", que é concebido como um "fato primitivo" que produz fora de si, no mundo exterior, uma mudança. É esse eu que distingue o homem da natureza; afinal, ele pode tomar consciência de suas relações com a natureza da qual faz parte. Maine de Biran identifica esse fato primitivo a um "esforço", o que o leva a conceder um novo estatuto ao corpo e ao ego: "o eu não pode existir por si mesmo sem ter o sentimento imediato interno da coexistência do corpo: eis aí o fato primitivo". Doravante, a tomada de consciência e o esforço graças ao qual afrontamos o mundo exterior estabelecem estreitas relações. Dito de outro modo:

quando queremos mover um membro de nosso corpo, o ego é consciente ao mesmo tempo de si mesmo e de seu próprio corpo. Maine de Biran é crítico de Descartes, pois para ele a consciência implica uma relação interior com o corpo vivo. Ele se dá conta de que é impossível abordar o corpo colocando-o à distância. Mas ele também é crítico de Etiènne de Condillac (1715-1771) — filósofo e sacerdote francês da Igreja Romana —, o qual acreditava em uma sensação simples, ao passo que se o fato primitivo implica um elemento dado, ele também implica a tomada de consciência desse elemento. Portanto, o fato primitivo deve ser concebido como uma resposta a uma resistência que nos ensina a origem do querer. É graças ao obstáculo que o sujeito tem consciência de si. Maine de Biran encontra um liame incontestável entre o sentimento próprio ao esforço e a efetuação de um movimento. O fato primitivo é compreendido e descrito como uma relação. Para compreender esse fato primitivo é preciso insistir na ideia de que ele só pode existir com o sentimento de sua coexistência com o corpo.

Para Maine de Biran, o eu íntimo é um ato que só pode ser apreendido no ato do pensamento; logo, há uma relação ativa entre o eu e o pensamento. O que o fato de consciência nos revela? Nosso eu e o próprio testemunho de nossa existência nos ensinam que somos, para nós mesmos, um sujeito que se reconhece e que afirma sua existência enquanto pensa. Esse pensamento interior é o próprio fato da existência, e não um atributo da coisa pensante. Não se trata de pensar à maneira cartesiana: depois de abstraído o corpo, encontramos o psíquico e ficamos com sua essência, a saber, o fato de ele ser uma coisa que pensa heterogênea à coisa extensa. Não é isso que está em questão aqui. No interior da filosofia de Maine de Biran há uma homogeneidade entre os termos. O eu não é um sujeito puro, mas a relação de uma força com uma resistência. O que liga Maine de Biran a Descartes é o fato de que ele parte do pensamento, o qual exprime a ação de uma força viva. Mas, para ele, tudo nos é dado como um fato, e nisso ele se afasta de Descartes. Se assim for, até mesmo o pensamento é um fato; logo, devemos partir da própria noção de fato. Compreende-se então a razão pela qual Maine de Biran critica Condillac, o qual tomava como ponto de partida a sensação.

O fato primitivo, ou seja, o esforço inseparável de uma resistência orgânica, está estreitamente relacionado com uma dualidade primitiva ou originária entre o eu identificado com o esforço e a sensibilidade que dá o perfil do corpo, o qual não é nem o corpo entendido de modo objetivo, nem os corpos exteriores. Esta dualidade originária se apresenta, então, como irredutível, mas, também, como indissociável. Há, aqui, uma relação de mão dupla entre a sensibilidade e o eu, um não aparece sem o outro. O esforço e a massa corporal que resiste são duas instâncias opostas e distintas, mas não inseparáveis. Há uma ligação viva entre o fato primitivo e a experiência. Agora, o eu não é mais o sujeito pensante, mas o sujeito do esforço. Há no esforço uma experiência imediata que o corpo faz de si mesmo enquanto presença vivida. Essa experiência faz com que o sujeito perceba seu corpo como sendo seu próprio corpo. Esse corpo termina constituindo, graças a seus movimentos, uma dimensão da subjetividade que não exclui as outras pessoas. O fato primitivo é uma espécie de poder ou força que não é nem mecânica, nem espiritual, mas que tem seu princípio na vontade. Donde sua relação de interioridade e de diferenciação com o corpo.

Vale insistir no fato de que para Maine de Biran a relação entre o eu e seu corpo é de distinção, mas não de separação. Ainda que o corpo seja distinto do eu que o apreende no esforço, o corpo não pode ser separado desse eu. Isso se dá porque o esforço responsável por revelar o eu só aparece graças a um termo que resiste: o sujeito do esforço coexiste com seu corpo, e este ajuda o eu a aparecer. Uma vez que o filósofo parte da experiência da relação, resta que o eu não se apreende a si mesmo em uma região fora da experiência, ou seja, em um absoluto. Ele se apreende, sim, no interior de uma experiência de relação original entre a força da vontade do sujeito (força que o filósofo chama de hiperorgânica) e a resistência orgânica que ela encontra. Portanto, o corpo subjetivo de que fala Maine de Biran é o corpo vivido no próprio nível do fato primitivo. Eis aí a inovação deste filósofo: o conhecimento do corpo próprio ou vivido só se dá graças à contínua resistência orgânica experimentada no esforço. Logo, a consciência do eu deve ser considerada juntamente com a coexistência viva e atual com o corpo. Este corpo não é o corpo objeto ou pura e simplesmente o corpo orgânico, fisiológico e anatômico; o corpo que está em questão aqui é a própria testemunha do esforço, é o corpo vivido.

A filosofia de Maine de Biran coloca o eu e o mundo em uma situação muito estreita. Seu objetivo é compreender, ao mesmo tempo, como é possível a existência de uma unidade reflexiva da experiência e como essa experiência se exprime no interior do tempo. A isso se acrescenta o fato de que no interior de sua filosofia o tato tem um papel muito importante, já que ele se torna o modo através do qual temos acesso ao próprio corpo. O tato não é só o modelo daquilo que é o sentir, mas também, e ao mesmo tempo, do próprio esquema da percepção interna, ou seja, do pensamento, assim como do fato primitivo. Há, no tato, uma reflexividade entre o tocante e o tocado. A resistência corporal é o modo através do qual estabelecemos um contato com o mundo exterior, permitindo, então, nos distinguir dele. O tato é o critério segundo o qual podemos conhecer alguma coisa. Para Maine de Biran, e essa ideia teve muito sucesso nas filosofias do corpo do século XX, a mão não pode tocar-se a si mesma, ou melhor, se ela se toca, ela transforma a parte tocada em objeto. Não pode haver uma parte que seja simultaneamente tocante e tocada, ou antes, não é possível haver a mão que toque a si mesma enquanto tocante. Aqui, essa impossibilidade é o avesso do sentimento do esforço que nos dá o corpo subjetivo. O tato, considerado em uma experiência do corpo subjetivo, possui um caráter reflexivo.

# SEGUNDA PARTE

# KANT:
## A DESSUBSTANCIALIZAÇÃO DO CORPO E DA ALMA

Do ponto de vista dos grandes pensadores da história da filosofia, o alemão Immanuel Kant (1724-1804) se situa na fronteira de uma nova época. Trata-se, para nós, de frisar a aquisição da filosofia crítica tendo em vista a fisionomia geral de uma das teses centrais da *Crítica da razão pura* de 1781. Kant analisa o conceito de corpo tanto em seu aspecto físico quanto fenomenal. Por um lado, a noção de corpo físico deve ter uma conotação científica natural que envolve todos os objetos materiais; por outro, trata-se de abordar o corpo humano. A noção de corpo físico deve ser distinguida da noção de substância herdada pela tradição cartesiana e aristotélica. Quanto à análise do corpo humano, é importantíssimo lembrar que ela parte dos resultados da analítica que limita o conhecimento humano àquilo que pode ser apreendido pelo sujeito do conhecimento através das formas *a priori* do espaço e do tempo e das categorias do entendimento. Kant pôs fim àquelas vãs polêmicas que animavam os debates metafísicos a propósito da realidade do mundo, da alma e de Deus. O problema da união da alma e do corpo e o problema da localização anatômica ou da sede da alma não têm resposta. Para Kant, eles estão fora do campo do conhecimento humano. Ao afastar os dogmatismos que consideram a alma e o corpo como seres em si, isto é, como substâncias, Kant não se pergunta como é possível a relação entre essas duas substâncias, a substância extensa (objeto ou o corpo) e a substância pensante (sujeito ou a alma). Ele quer saber como se dá para o sujeito do conhecimento as relações entre os dados do sentido externo (o espaço) e os dados do sentido interno (o tempo). É por meio do espaço que representamos os objetos fora de nós, assim como é por meio do tempo que temos a intuição de nós mesmos. O eu pensante é um objeto do sentido interno e se chama alma, o objeto do sentido externo se chama corpo. Vem daí que a heterogeneidade que existe entre o corpo e a alma não seja substancial, mas fenomenal. Como os corpos são fenômenos, não podemos conhecer o seu substrato inteligível, ou melhor, não podemos conhecer a coisa em si, a qual é objeto da metafísica.

Kant dessubstancializa a alma e o corpo, o que acaba por afastar definitivamente as questões do substancialismo dualista. Não se trata de abordar o problema da união da alma e do corpo do ponto de vista de sua união substancial, mas investigar a síntese operada pelo sujeito do conhecimento das representações do espaço e do tempo. Assim, a questão da sede da alma também fica sem sentido; afinal, uma vez que todo conhecimento possível só pode ser dado a partir das formas do espaço e do tempo e pelas categorias do entendimento, resta que não tem sentido dizer que o espírito ou a alma tenham uma sede no espaço. Há, aqui, o erro de se atribuir um caráter sensível a uma noção que não é sensível. Se a alma não é nem extensa, nem espacial, podemos compreender por que a filosofia crítica rechace qualquer hipótese concernente a sua localização.

Não se trata de espacializar ou materializar a alma, pois todas as coisas que estão no espaço devem necessariamente ser objetos apreensíveis de modo material. A presença da alma em um órgão do corpo não é real ou local; ela é de ordem dinâmica e designa o lugar de uma atividade. O lugar do sujeito pensante no interior do mundo sensível é precisamente o espaço de seu corpo. É, então, o próprio lugar no qual o homem tem um ponto de vista no interior do mundo sensível, o qual condiciona radicalmente as possibilidades de seus conhecimentos. Kant não rejeita a possibilidade de existência de uma matéria em si fora do sujeito do conhecimento, porém, não podemos conhecê-la. Tanto a pretensão de conhecer algo material que não seja de modo fenomenal, quanto a hipótese da substancialidade da alma são desprovidas de interesse. A alma não pode ser conhecida como coisa em si, ela não pode ser reduzida a um objeto da experiência fenomenal. Para conhecer o corpo é preciso partir da experiência.

A filosofia kantiana nos ensinou que, por um lado, temos o objeto do conhecimento e, por outro, o princípio desse conhecimento, o sujeito transcendental. Essa filosofia estabelece a existência de uma correlação que não pode ser quebrada entre o sujeito e o objeto do conhecimento; correlação que deixará marcas muito profundas na consideração daquilo que é o corpo. É verdade que o sujeito não é um simples objeto, mas é certo, também, que ele só pode apreender-se em meio aos objetos. Para que o sujeito possa se apreender é preciso que ele tenha um estatuto de objeto. Por um lado, o sujeito dá sentido a tudo, por outro, ele está no meio das coisas, ele é uma coisa. Essas duas faces do sujeito funcionam de modo paralelo. O sujeito seria portador de uma dupla característica: ele é ao mesmo tempo empírico e transcendental.

# HUSSERL:
## O CORPO OBJETIVO E
## O CORPO SUBJETIVO

É NESTE CONTEXTO QUE DEVEMOS introduzir as considerações de Edmund Husserl (1859-1938), filósofo nascido na Morávia — atualmente parte oriental da República Tcheca —, pai ou inventor da fenomenologia, a qual nasceu no interior de um projeto crítico de teoria do conhecimento. Considerada uma das principais correntes filosóficas do século XX, a fenomenologia traz uma considerável contribuição para a investigação da noção de corpo. Na verdade, essa noção cresce em importância no interior do próprio desenvolvimento do pensamento de Husserl. Esse filósofo parte da exigência descritiva de retorno às próprias coisas. Porém, essa exigência pode ser tomada como uma espécie de lugar-comum que poderia nos enganar a propósito da especificidade desse método, pois se trata de compreender que há diferentes modalidades de apresentação dos objetos para a consciência. Uma vez que a fenomenologia deve ser compreendida como estudo dos atos da consciência, é preciso insistir no caráter transcendental da consciência ou, nos termos de Husserl, na especificidade da subjetividade transcendental, a qual é a instância produtora de sentido e a própria condição de possibilidade da descrição dos atos da consciência. Compreendida nesses termos, a consciência absoluta está fora do mundo, ou melhor, ela é anterior ao próprio mundo, já que é a condição de possibilidade de aparição do próprio mundo. Aqui, a realidade tal como ela aparece para o homem do senso comum e para o cientista é dependente da consciência, ou antes, ela é uma parte necessariamente dependente do todo da consciência. É a consciência que dá sentido ao mundo, o que justifica a ideia de que o mundo se torna subjetivo. Se não houvesse essa dimensão fora da experiência, a reflexão seria obrigada a empreender uma espécie de regressão ao infinito, espécie de raciocínio que levaria ao ceticismo, já que não haveria nada que garantiria o conhecimento. É assim que muito sumariamente pode ser apresentado o projeto do idealismo transcendental de Husserl.

A exigência da suspensão das teses que elaboramos na existência de nossa vida corporal mundana sem levar em conta os modos subjetivos de apresentação das coisas deve ser levada a sério. Mas, como compreender que o sujeito puro possa sair dele mesmo e participar do mundo? O estudo do corpo fará com que essa inserção da consciência no mundo se torne mais clara. As considerações fenomenológicas sobre o corpo devem nos fazer interpretar essa noção com outros olhos, o que terminará renovando nossa concepção da corporeidade. Não nos enganemos a propósito da tese husserliana: uma vez realizada a redução fenomenológica, espécie de procedimento que suspende ou coloca entre parênteses todos nossos laços mundanos e corporais, isto é, toda consideração do mundo que não leva em consideração os modos subjetivos de apresentação ou doação do objeto, resta que, na região do subjetivo propriamente dito, não há mais nada de mundano e corporal.

Em primeiro lugar, o corpo aparece como um objeto entre outros objetos, ele é corpo entre corpos. O corpo é considerado como corpo objetivo, ou melhor, corpo físico externo ou corpo da anatomia e da fisiologia. Aqui, é preciso avançar uma das teses fundamentais da fenomenologia, a saber, a tese da intencionalidade da consciência, o que é o mesmo que dizer que ter consciência equivale a ter consciência de alguma coisa. A intencionalidade da consciência é sua referência a um objeto (tal modo de referência é distinto se o ato é perceptivo, imaginativo ou mnemônico, o que significa que a estrutura da consciência é diferente em cada um desses casos). Para sabermos qual é o estatuto do objeto de que o sujeito tem consciência, vale lembrar que, como todo objeto da percepção, ele aparece para a consciência por perfis ou segundo aspectos sempre variáveis. O que significa que sempre temos uma percepção parcial, pois nunca podemos observar o objeto de todos os lados ao mesmo tempo. No entanto, tais objetos nos são dados em sua unidade precisamente através desses perfis. É isso que dá legitimidade às descrições fenomenológicas. Neste contexto, o corpo não pode ser considerado como um objeto separado dos outros objetos. Se a consciência é consciência de alguma coisa, deste lado da questão, ela é consciência do corpo, o qual é corpo para a consciência, o que implica que o corpo compartilha a intencionalidade perceptiva própria aos corpos físicos.

Em segundo lugar, o corpo não será tratado apenas como um simples objeto. Afinal, considerado como corpo próprio, o corpo desempenha um papel fundamental no nosso acesso ao mundo e às outras pessoas. Trata-se, deste outro lado da questão, de investigar o corpo enquanto corpo vivo, ou antes, como carne. Esse corpo é aquele que experimentamos e que sentimos: corpo vivido oposto ao corpo físico precisamente porque ele nos é dado graças ao seu modo subjetivo de apresentação. Nesse sentido, o corpo é lugar de sensações e de emoções. Não se trata de considerar o corpo somente do ponto de vista da percepção externa, mas também do ponto de vista da tomada de consciência das sensações visuais e táteis como sensações de movimento. Há uma maneira de considerar o corpo que repercute no modo que experimentamos o mundo.

Uma vez que os objetos da percepção aparecem por perfis em uma percepção sempre parcial, resta que eles aparecem sempre para um sujeito encarnado. Em suma: sempre haverá uma tensão entre o corpo objeto visado por um ato de consciência no meio de outros objetos e o corpo sujeito como responsável por desempenhar um acesso a todos os objetos.

É o sujeito que dá sentido a essa encarnação, ele a constitui. Para compreender isso, ressaltemos a dimensão cinestésica da percepção, ou seja, sua dimensão ligada ao sentido da percepção do movimento, do peso, da resistência e da posição do corpo no espaço ou no mundo circundante. Essas sensações de movimento surgem quando o próprio sujeito está em movimento. A orientação perceptiva do sujeito é, portanto, sensorial (visual, auditiva, tátil ou, em termos mais técnicos, exteroceptiva, isto é, sensações ativadas por estímulos externos), e coloca em cena um pensamento sobre a motricidade. Não se trata, evidentemente, de sensações pura e simplesmente orgânicas, mas de uma espécie de sincronização carnal da própria consciência encarnada que realiza seus movimentos. Em uma primeira camada, juntamente com os modos subjetivos de doação ou apresentação dos objetos, temos a apresentação, para a consciência, de nossa situação corporal enquanto sujeitos perceptivos apreendidos sob o ponto de vista dos movimentos que fazemos em direção ao mundo. Aqui, a percepção, enquanto modo de acesso intencional ao objeto, anda de mãos dadas com outra espécie de sensibilidade motora característica ao corpo próprio, a propriocepção (sensações internas tais como sensações musculares, articulatórias, de tendões, dos ossos), que nos informa sobre seu equilíbrio e deslocamento no espaço. O que é o mesmo que dizer que podemos sentir nosso corpo do interior. Em uma segunda camada, é preciso compreender que o modo como o objeto percebido aparece à consciência é constitutivamente determinado pelo modo como o sujeito se orienta e se projeta em direção ao objeto.

Estas considerações fenomenológicas sobre o corpo não devem desviar o leitor das obras de Husserl daquilo que para ele é o essencial: a subjetividade transcendental. É verdade que a corporeidade é apresentada como uma camada muito importante, mas ela deve, mesmo assim, ser constituída em relação àquela dimensão responsável por dar valor e sentido a todo o resto, a saber, a dimensão constituinte da subjetividade transcendental. Isso fica bem claro em vários textos em que Husserl insiste na especificidade de seu método fenomenológico. Em *Os problemas fundamentais da fenomenologia* (1910-1911), Husserl nos diz que a fenomenologia se situa em uma dimensão nova em face da psicologia, pois a "fenomenologia não é de forma alguma psicologia". Trata-se, para ele, de nunca perder de vista a dimensão nova que "exige uma atitude essencialmente diferente de toda e qualquer ciência que se oriente em relação aos seres espaciais e temporais" (§1). Husserl exige uma mudança de olhar que daria os objetos não mais com seus predicados espaciais e temporais, mas segundo os perfis subjetivos através dos quais visamos esses objetos.

Em seus últimos textos e, em particular, em uma conferência proferida em Paris em 1929 — *Meditações cartesianas* —, Husserl nos diz que a consciência transcendental é marcada pela encarnação. Isso não quer dizer, evidentemente, que, agora, a consciência estaria reduzida ao domínio das coisas extensas. Não é disso que se trata. O que está em questão é a presença a si, característica da consciência absoluta, que acaba por encontrar, finalmente, um lugar. Neste livro de 1929, Husserl nos diz que "na esfera do que me pertence eu encontro o meu próprio corpo, que não é somente um corpo, mas o meu corpo, único de que disponho de forma imediata como dispondo dos seus órgãos" (§44). No limite, as outras pessoas aparecerão precisamente no momento em que for preciso reconhecer, para cada consciência, um lugar, ou seja, uma espécie de corporeidade que acaba sendo atribuída à consciência. Essa corporeidade permite à consciência se descobrir consciência entre consciências, logo, como intersubjetividade.

Compreendido em sua forma espaço-temporal orgânica e em sua relação interna com o viver, o corpo torna-se o lugar da inscrição do sensível. Vem daí o duplo modo de interpretação do corpo, ou antes, o modo duplo com que o corpo originariamente se constitui: ele é ao mesmo tempo coisa física ou matéria e o que experimento nele e sobre ele (cf. §36 do Segundo Tomo de *Ideias diretrizes para uma fenomenologia e uma filosofia fenomenológica puras* de 1913). Temos aqui um desdobramento estrutural que pertence à experiência humana do corpo, a qual vive a corporeidade em sua forma externa e interna. É bom lembrar que o corpo estabelece uma ligação essencial entre a forma corporal e o espaço. Isso pode ser matizado a partir do momento em que se insiste no fato de que o corpo próprio se origina no tato, o qual é o órgão que o constitui. É o tato que faz com que o mundo adquira sentido para o sujeito, pois o tato insere as sensações táteis no tecido do corpo tornando-as próprias a um sujeito. O corpo é envolvido pelo mundo circundante, ele se encarna no interior desse mundo e as coisas se tornam coisas para ele. Por exemplo: quando tocamos em uma pedra, esse contato é apenas um fenômeno no interior do mundo objetivo, mas esse evento pode ser a ocasião de uma dupla experiência. Por um lado, descubro a pedra através de seus perfis ou aspectos, logo, preciso de meu corpo para conhecer a pedra como objeto físico. Por outro lado, esta experiência tem um sentido corporal, pois através dela faço experiência de meu corpo. Logo, há um eco das coisas no corpo que o faz ser corpo próprio carnal cujo modo de constituição é duplo, pois posso apreendê-lo como se apreende uma pedra na exterioridade física. Mas, simultaneamente, o sujeito recebe as impressões sensíveis, ou melhor, ele as sente do seu interior. Percebe-se, então, a importância do tato, pois além de delimitar as condições de que algo se apresente ao corpo, ele chama atenção para uma simetria ou equivalência estrutural enorme com o mundo sensível.

O tato permite ao corpo fazer experiência de si mesmo como sensível e senciente, isto é, ele é uma coisa e percebe a si mesmo e tudo o mais pelos sentidos. Esses são os dois níveis da experiência que é preciso pôr em relevo. Por um lado, quando tocamos uma pedra, somos tocados por ela. Por outro, quando nos tocamos a nós mesmos, descobrimos uma dimensão da experiência que nos faz assumir simultaneamente o papel de tocante e de tocado. O sujeito toca as coisas e a si mesmo, o que é o mesmo que dizer que, por um lado, aderimos ao mundo sensível graças às sensações e, por outro, cada parte do corpo que faz essa experiência é, simultaneamente, tocante e tocada. As análises de Husserl presentes em *Ideias* II revelam que, no contato de uma mão com outra mão, "temos duas sensações e cada uma pode ser objeto de uma dupla apreensão e, consequentemente, de uma dupla experiência" (§36). Minha mão direita toca minha mão esquerda como ela tocaria qualquer outro objeto, momento em que minha mão esquerda é sentida como coisa física; mas, no mesmo momento, minha mão esquerda se sente tocada pela mão direita. Isto implica uma espécie de correlação entre a dimensão do sensível e a dimensão subjetiva, entre ser e aparecer. Compreende-se, então, a razão pela qual o corpo seja considerado ao mesmo tempo como objetivo e subjetivo, pois no momento em que a mão esquerda toca a mão direita, o corpo é simultaneamente corpo físico e corpo vivo. Esse é o contexto no qual deve ser situada a questão do corpo objetivo e do corpo subjetivo e que terá grande repercussão nas filosofias fenomenológicas contemporâneas.

# BERGSON:
## O CORPO IMENSO E O CORPO MÍNIMO

O FILÓSOFO FRANCÊS Henri Bergson (1859-1941) e Husserl nunca se encontraram pessoalmente. Mas, ao tomar contato através de um discípulo com uma resenha ou reconstituição da teoria da duração de Bergson, Husserl parece ter dito que tinha a impressão de ser bergsoniano. Não se trata, aqui, de explorar este viés de investigação. As relações entre estas filosofias devem ser procuradas na direção das reflexões sobre o tempo, ou melhor, sobre a temporalidade. Porém, Bergson sempre se posicionou radicalmente contra o intelectualismo, enquanto na fenomenologia de Husserl a consciência sempre foi soberana. Além disto, a filosofia bergsoniana da duração sempre deu uma atenção especial aos caracteres concretos que nos são dados na experiência do mundo percebido. Em 1896, Bergson publica um livro muito importante que tem por objetivo resolver o problema do dualismo. Trata-se de

*Matéria e memória. Ensaio sobre a relação do corpo e do espírito*. O subtítulo do livro nos dá a entender que há, para Bergson, uma relação entre o corpo e o espírito: só é possível entender o modo com que seu autor pretende estabelecer essa relação em função do tempo ou, nos termos do filósofo, em função da duração. É preciso dizer, desde já, que entre o corpo e o espírito não existe a tradicional diferença de natureza ou de substância, mas, sim, uma diferença de grau que se expressa em ritmos diferentes.

Bergson começa por afastar a perspectiva dualista tradicional do idealismo e do realismo para retornar à consciência ingênua. No Prefácio da sétima edição do livro de 1896, ele nos diz que "o realismo e o idealismo são duas teses igualmente excessivas". Não devemos reduzir a matéria à representação que o sujeito faz dela, a matéria não é uma pura representação. A matéria também não é algo que produziria em nós representações que acabariam sendo de uma natureza diferente da própria matéria. O que é a matéria? Ela é, diz Bergson, "um conjunto de imagens", entendendo por imagem "certa existência" que se encontra "situada a meio caminho entre a 'coisa' e a 'representação'" (MM, 1). É preciso reconhecer, então, que essa concepção de matéria é precisamente a do senso comum, ou antes, de alguém estranho às especulações filosóficas. Para o homem do senso comum, por um lado, "o objeto existe nele mesmo", por outro, o objeto é, diz Bergson, "a imagem dele mesmo tal como a percebemos, é uma imagem que existe em si" (MM, 2). O ponto de vista no qual este filósofo se situa é o de alguém que ignora as discussões filosóficas, o que o leva a considerar a matéria antes da dissociação operada pelos filósofos tradicionais entre a existência e a aparência. No primeiro capítulo do livro de 1896 — "Da seleção das imagens para a representação. O papel do corpo" —, Bergson nos diz que irá "fingir por um instante" que não conhece nada das teorias tradicionais. Isso é o mesmo que dizer que Bergson pede a seu leitor que esqueça a dissociação estabelecida tanto pelo realista quanto pelo intelectualista. Uma vez realizado esse procedimento, estamos "em presença de imagens, no sentido mais vago em que se possa tomar esta palavra, imagens percebidas quando abro meus sentidos, despercebidas quando os fecho" (MM, 10). É a imagem assim descrita que é o dado primeiro, ela existe em si e não é uma representação, pois elas estão nas próprias coisas. Além disso, as imagens são o aspecto que as coisas adquirem para nosso corpo. A matéria não é nem exterioridade radical, nem interioridade vazia; ela é uma instância originária que adquire uma fisionomia para o corpo.

Uma vez em presença de tais imagens, é preciso reconhecer que todas elas "agem e reagem umas sobre as outras" segundo leis constantes que o próprio filósofo chama de leis da natureza. Porém, há uma imagem que dentre todas as outras prevalece. E isto, diz Bergson, "na medida em que a conheço não apenas de fora, mediante percepções, mas também de dentro, mediante afecções: é meu corpo" (MM, 9). Cabe, então, desdobrar o perfil geral daquilo que é a teoria bergsoniana dos dois corpos.

Em primeiro lugar, é preciso frisar o fato de que o corpo é conhecido mediante percepções, ele é um objeto destinado a mover objetos. O corpo exerce uma ação sobre os objetos circundantes. Bergson acrescenta que o corpo ocupa ante tais objetos uma situação privilegiada, mas que não é a de fazer nascer uma representação. Na verdade, os objetos circundantes "refletem a ação possível de meu corpo sobre eles". Ora, para partir do corpo, é indispensável considerá-lo não do ponto de vista das sensações, mas de sua ação. Pois se a matéria é o conjunto das imagens, a percepção da matéria não será outra coisa senão a relação dessas imagens com a ação possível de meu corpo. Deste lado da questão o corpo é considerado em sua exterioridade, o que significa que a percepção está nas próprias coisas. Não se trata de considerar a percepção como um trabalho especulativo que iria em direção às coisas, ela não é algo imaterial.

Bergson elabora uma teoria da percepção pura e mostra que nela a percepção não pode ser considerada uma cópia do mundo. Na verdade, ela faz parte das coisas. Trata-se, então, de uma seleção e de uma fixação operada por nosso corpo no mundo das coisas. O que é perceber? Bergson nos diz que "perceber consiste em separar, do conjunto dos objetos, a ação possível de meu corpo sobre eles" (MM, 188). A percepção afasta do conjunto das imagens aquelas sobre as quais o corpo não exerce nenhuma influência. Sua função verdadeira é preparar ações. Desse ponto de vista, matéria e percepção, o corpo vivo e seu meio circundante, participam da mesma realidade. Não se trata de considerar, como fazem o realismo e o idealismo, a percepção consciente e suas condições na direção do conhecimento. Essa é a origem da obscuridade das teorias tradicionais. Para superar esse equívoco, Bergson orienta tanto a percepção consciente quanto sua própria condição para a ação. As coisas têm uma ação à distância sobre nosso corpo, mas também nosso corpo exerce uma ação à distância sobre as coisas, isto é a percepção. É esta percepção pura que deve ser dada em primeiro lugar. Nela, o objeto percebido é um objeto presente, ele é um corpo que modifica o nosso corpo, havendo, portanto, na percepção pura, uma relação física entre meu corpo e os objetos. Assim, no terceiro capítulo do livro de 1932 — *As duas fontes da moral e da religião* —, Bergson nos diz que há um "corpo imenso que muda a cada instante e, às vezes, muda radicalmente". Trata-se do corpo com o qual "podemos mover outras partes do grande corpo", ou seja, do próprio mundo. Esse grande corpo ou imenso é "coextensivo à consciência, ele compreende tudo que percebemos, ele vai até as estrelas". Em suma, trata-se do corpo com o qual percebemos as coisas. É graças a esse corpo que há uma relação à distância de mão dupla entre ele e as coisas.

Em segundo lugar, é preciso compreender o corpo de dentro, corpo que Bergson chama neste texto de 1932 de "corpo mínimo", "o menor de todos os corpos", "corpo interior ou central" que é, diz o filósofo, "relativamente invariável e sempre presente". Além de presente, ele é agente. Ora, aqui também é a ação que conta, pois sempre estamos onde agimos. Em *Matéria e memória* o corpo é compreendido como um "centro de ação" (MM, 187), ele é o lugar dos movimentos atuais. Mas é preciso afastar o costume que temos de fechar a consciência nesse corpo mínimo. O que não quer dizer que esse corpo não tenha um poder de escolha, pois se todos os outros movimentos são previsíveis, o seu não é. O corpo que chamo meu, possui, se comparado a todos os outros corpos, o maior grau de liberdade. Ele é um corpo de ação na exata medida em que estamos onde agimos. Ele é "o centro das iniciativas".

Para compreender melhor este polo da questão, é indispensável chamar a atenção para aquilo que é a memória. Se a percepção pura faz parte dos objetos presentes, como compreender, agora, a existência de uma representação dos objetos ausentes? Se a representação não depende do corpo é porque, para Bergson, a memória pura é algo diferente de uma função do cérebro, ela não é uma "regressão do presente ao passado". Pelo cérebro só podemos compreender a aquisição de dispositivos motores, os quais não ajudam em nada a compreensão das lembranças puras que são irredutíveis aos hábitos. Isso nos leva a compreender uma afirmação de Bergson presente em uma conferência intitulada *A alma e o corpo* de 1919, segundo a qual "a atividade cerebral está para a atividade mental assim como os movimentos da batuta do regente estão para a sinfonia". O que é o mesmo que dizer que o espírito transborda o cérebro assim como a sinfonia ultrapassa seus movimentos considerados separadamente. Nesse contexto, o cérebro é apenas um instrumento do qual o pensamento se serve. O que é a memória pura? A memória pura, diz Bergson em 1896, consiste em um "progresso do passado ao presente"; deste lado da questão é preciso nos colocar, de saída, no passado. Dito de outro modo: para Bergson "partimos de um 'estado virtual', que conduzimos pouco a pouco, através de uma série de *planos de consciência* diferentes, até o termo em que ele se materializa em uma percepção atual, isto é, até o ponto em que ele se torna um estado presente e atuante, ou seja, enfim, até esse plano externo de nossa consciência em que se desenha nosso corpo". E ele acrescenta: "nesse estado virtual consiste a lembrança pura" (MM, 196). A lembrança pura é, precisamente, esse estado virtual conduzido até o ponto em que ele se torna um estado presente e atuante. No limite, trata-se de compreender a memória pura como, ao mesmo tempo, um princípio de conservação de todo passado e uma duração que faz com que o passado comunique com o presente e com o corpo. É nesse contexto que podemos compreender a passagem na qual Bergson nos diz que nosso presente "é o que age sobre nós e o que nos faz agir, ele é sensorial e é motor"; "nosso presente é antes de tudo o estado de nosso corpo". Já o passado "é o que não age mais, mas poderia agir"; é "o que agirá ao inserir-se em uma sensação presente da qual tomará emprestada a vitalidade". Se assim for, acrescenta o filósofo, "no momento mesmo em que tal lembrança se atualiza e passa a agir, ela se torna uma percepção, deixando de ser uma lembrança, torna-se novamente percepção" (MM, 197). Essa é a razão pela qual a lembrança não pode ser uma consequência de um estado cerebral; afinal, "o estado cerebral prolonga a lembrança, faz com que ela atue sobre o presente pela materialidade que lhe confere". Assim, "a lembrança pura é uma manifestação espiritual", e "com a memória estamos efetivamente no domínio do espírito", o qual é um ato temporal.

Como, agora, pensar a relação entre estes dois corpos? Como pensar a relação entre matéria e memória, entre corpo e espírito? Vale notar que a filosofia de Bergson deve ser pautada pelo critério da ação. Para ele, viver é o mesmo que agir. Não é correto separar as duas noções de corpo que surgem no interior desta filosofia; afinal, o corpo imenso e o corpo mínimo estabelecem uma verdadeira relação. Ora, a diferença de grau que existe entre a matéria e a memória deve, enfim, valer também para os dois corpos. Se o espírito é compreendido como um ato temporal, resta que é possível ligá-lo à matéria. Pois a própria matéria não é diferente de um ritmo. É através do fenômeno do movimento que compreendemos a relação em questão, pois se, por um lado, ele revela uma mobilidade profunda própria à matéria, por outro, o ato da memória que unifica e conserva essa matéria está no interior da própria duração. Matéria e espírito não podem ser distinguidos como se fossem pura e simplesmente coisas. Se fosse o caso de distingui-los, seria preciso dizer que matéria e memória seriam dois movimentos ou duas tendências. Mas, mesmo assim, isso nos levaria a engano, já que não se trata de dois movimentos diferentes, mas sim de dois sentidos de um único e mesmo movimento.

# Nietzsche:
## a pequena razão e a grande razão

O FILÓSOFO ALEMÃO Friedrich Nietzsche (1844-1900) deve, agora, nos ajudar a fazer o balanço do modo mais geral com o qual nossa tradição filosófica, científica e religiosa nos acostumou a interpretar o corpo. Esta filosofia nos ensina a suspeitar da representação clássica do corpo, isto é, da tradição que nos acostumou a aceitar o modelo objetivado — claro e distinto — sob o olhar do espírito, considerado o todo-poderoso. Ora, a distinção radical da alma e do corpo é a contrapartida da valorização infinita da alma em detrimento do corpo. Não seria o caso de investigar, sob os escombros disso que se tornou a ideia dominante do corpo, a existência de uma realidade mais ampla do corpo que teria sido recalcada? Trata-se, com Nietzsche, de dar voz ao próprio corpo, à vida, às pulsões, aos instintos, aos desejos, dar voz ao homem do subsolo, ou antes, aprender a ouvir a "voz do sangue"! Somente isso faria cair as grossas escamas que obscurecem nossa interpretação do fenômeno corporal. Ao invés de partir da investigação daquilo que é a alma ou a consciência, o filósofo deve, então, partir do corpo vivo. E isso, por causa da hipertrofia dos saberes de nossa civilização. Em *O livro do filósofo* de 1873 (§175), Nietzsche nos diz qual tipo de filósofo que lhe interessa: "o filósofo como médico da civilização". Não se trata, para ele, de uma abordagem da cultura e de seus elementos segundo o modelo platônico-cristão que despreza o corpo, o mundo, os sentidos, enfim, a vida, em benefício das pretensas aptidões suprassensíveis e de um mundo transcendente. O filósofo assim considerado seria pura e simplesmente "o envenenador da civilização".

O sentido do que vem a ser o trabalho filosófico está na investigação, de caráter genealógico, daquilo que está por trás ou por baixo das construções do discurso filosófico, científico e moral. Trata-se, agora, de investigar os estados de saúde e de doença, a vida afetiva e fisiológica que domina a experiência do homem vivo. Aqui, genealogia significa uma espécie de procedimento filosófico de retorno às origens e às fontes de um determinado discurso ou prática. Não é o caso, portanto, de uma investigação da essência. Quem interpreta um fenômeno não deve desdobrá-lo em direção a uma verdade eterna e desencarnada. Deve, ao contrário, seguir as pistas que levam a ele. A genealogia que

Nietzsche coloca em marcha visa um retorno às fontes e às origens de um valor, mas também e, sobretudo, ela é uma investigação que procura trazer à tona o valor do valor. Esta é a *"nova exigência"* enunciada por Nietzsche: "necessitamos de uma *crítica* dos valores morais, *o próprio valor desses valores deverá ser colocado em questão*" (Genealogia da moral. Uma polêmica, 1887, §6).

Como não reparar a cegueira, o desprezo, a negação, a hostilidade para com tudo aquilo que manteria certo modo de relação com o corporal, os sentidos, os desejos? Em *A gaia ciência* de 1882, Nietzsche nos diz que frequentemente se pergunta "se até hoje a filosofia, de modo geral, não teria sido apenas uma interpretação do corpo e uma *má-compreensão* do corpo" (§2). Esse pensamento nos ajuda a entender um importantíssimo fragmento póstumo em que o filósofo nos diz que, "sem o fio condutor do corpo", ele não crê na validade de nenhuma investigação (Fragmentos póstumos, X, 26 [432]). Seguindo essa linha de raciocínio, ele é conduzido à ideia de que a consciência e a razão seriam, então, um instrumento do corpo, e não sua parte mais importante e predominante, tal como foi para toda a tradição. Em outro fragmento póstumo intitulado *Seguindo o fio condutor do corpo* ele mostra que, anteriormente, "a *alma* foi um pensamento atraente e misterioso, do qual os filósofos, com razão, só se separaram a contragosto". Todavia, Nietzsche não deixa de acrescentar que aquilo pelo que os filósofos trocaram a ideia de alma talvez seja "ainda mais atraente, ainda mais misterioso". Por que razão o corpo se tornou mais atraente e misterioso que a alma? Ora, justamente porque ele é um pensamento admirável! Como caracterizar esse corpo que é pensamento, como reconhecê-lo? Nietzsche nos diz em uma bela formulação: "O corpo humano, no qual tanto o passado mais longínquo quanto o mais próximo de todo o devir orgânico torna-se de novo vivo e corporal, por meio do qual, sobre o qual e no qual e para além do qual parece fluir uma torrente imensa e inaudível: o corpo é um pensamento mais espantoso do que a antiga alma" (*Vontade de potência*, §659).

Antes de examinar o estatuto do corpo no interior da filosofia nietzschiana, vale insistir um pouco mais no forte contraste existente entre a noção de corpo tal como a compreende Nietzsche e a mesma noção compreendida pela tradição. O discurso sobre o corpo tal como surge das principais páginas de Platão e Descartes exige um preço alto a ser pago: esquecimento sistemático, ódio, negação do corpo e dos sentidos, logo, da própria vida. Não há dúvida de que há lugar para o corpo em tais sistemas, mas tal lugar deve ser encontrado precisamente em um rígido quadro conceitual que exclui tudo o que há de vivo na vivência corporal. A negação da vida chega ao seu limite quando, a duras penas, um silêncio sepulcral é imposto à vida. Nietzsche inverte as coisas, ou melhor, ele inverte os valores e substitui o corpo, tal como é apreendido de modo claro e distinto no interior do discurso da representação e da religião, pelo corpo vivo. Mas quem interpreta o corpo negando-o? O fragmento intitulado "Os intérpretes cristãos do corpo" pode nos dar uma pista (cf. *Aurora. Reflexões sobre os preconceitos morais* de 1880). Nietzsche nos diz ali que "o que quer que provenha do estômago, dos intestinos, da batida do coração, dos nervos, da bílis, do sêmen — todas as indisposições, fraquezas, irritações, todos os acasos de uma máquina que conhecemos tão pouco! — tudo isso um cristão [...] tem de considerar um fenômeno moral e religioso, perguntando se ali se acha Deus ou o Diabo, o bem ou o mal, a salvação ou a danação" (§86). Donde a conclusão: para que tal "intérprete infeliz" tenha razão, ele necessita "revirar-se e torturar-se". Como trabalhar por baixo de uma tradição como essa? O Prólogo do livro de 1880 nos ensina a importância do trabalho de um "ser subterrâneo", o qual deve perfurar, escavar e solapar (§1). São nestes domínios subterrâneos que a suspeita do filósofo deve operar: ele deve encontrar, por baixo destes castelos morais, o fundo vital abafado ou silenciado. O filósofo deve pôr às claras os fundamentos soterrados sobre os quais foram construídos, segundo a expressão de Kant citada por Nietzsche, os "majestosos edifícios morais".

Doravante, é preciso caracterizar o corpo como um sistema de forças que estabelece infinitas relações com outras forças. Para ser coerente com a razão interna de uma força, é indispensável sublinhar que uma força quer sempre crescer, se apropriar daquilo que lhe é exterior ou diferente. Vem daí que Nietzsche aproxime esse pensamento sobre a força do próprio trabalho do estômago, o qual subjuga o alimento, o submete ao seu modo de transformação: há, aqui, digestão. Não se trata de deixar que se triunfe, neste jogo de forças, o ódio de si, dos outros e do mundo, tão característico dos preconceitos morais. Não se trata, tampouco, de deixar predominar a razão soberana em detrimento da hostilidade contra as pulsões, os desejos e os sentidos. É por esse viés que devemos interpretar esta passagem do livro escrito em 1886 chamado *Além do bem e do mal. Prelúdio a uma filosofia do futuro*: "uma criatura viva quer antes de tudo *dar vazão* a sua força — a própria vida é vontade de potência" (§13). É importante lembrar que Nietzsche elogia, sim, o fluxo, o fluir, a variabilidade, a multiplicidade, a espontaneidade e a inocência do vir-a-ser em contraste com a fixidez, a imobilidade, a identidade. Mas, o que é viver? Viver, segundo Nietzsche, é inventar, interpretar, avaliar, pesar. Se damos as costas à vida, ao corpo e ao mundo em prol do mundo das ideias de estilo platônico ou mesmo em benefício de um mundo ainda por vir, trata-se de compreender que, neste momento, negamos a pluralidade infinita de interpretações possíveis. Damos assentimento a uma interpretação — a platônico-cristã — que paulatinamente se tornou a única. É neste sentido que devemos trazer à tona o fragmento presente em *A gaia ciência* chamado "Nosso novo 'infinito'": "o mundo tornou-se novamente 'infinito' para nós: na medida em que não podemos rejeitar a possibilidade de que ele *encerre infinitas interpretações*" (§374). O que Nietzsche tem em vista é uma revalorização da experiência do devir, da vida e do jogo caótico das forças. Não se trata mais, em absoluto, de interpretar o mundo sensível segundo o código das meras aparências e das sombras. Essa espécie de mitologia tácita bastante difundida pela tradição esconde e proíbe um tesouro oculto e multifacetado, a saber, a vida como processo infinito e o corpo vivo como jogo plural de forças.

Concentremos nossa atenção na interpretação que Nietzsche faz do corpo. Para isto, é preciso um bom faro e ouvidos bem atentos. Afinal, o corpo sempre foi algo bastante desconhecido, donde o procedimento genealógico continuar válido para sua abordagem. Vem daí, também, a necessidade de aprendermos a ler ou a decifrar o corpo assim como um egiptólogo decifra e interpreta uma escrita hieroglífica. No limite, tudo que é espiritual não é nada além de uma "linguagem cifrada do corpo". Em contraste com a alma, o corpo passa a desempenhar um papel importantíssimo: é ao corpo que chegamos quando fazemos a gênese ou investigamos a origem dos preconceitos morais. Logo, na origem está o corpo, e não o espírito. O pensador se dá conta de que é somente tomando o corpo como fio condutor — passo metodológico de extrema importância — que temos chance de sermos bem-sucedidos na empreitada de avaliação da vida. Como compreender o corpo, já que ele é, segundo Nietzsche, a "maravilha das maravilhas" (FP, XI, 37 [4])? O estatuto do corpo na filosofia nietzschiana é radicalmente diferente de toda a tradição, pois, como diz este mesmo fragmento póstumo, "o mais espantoso é antes o *corpo*: não se consegue admirar suficientemente como o *corpo* humano se tornou possível". O que é o corpo? Inicialmente, vale lembrar que, para Nietzsche, como fisiólogo, o corpo deve ser concebido como uma espécie de comunidade hierarquizada de pulsões. Essas últimas são, por um lado, processos corporais que subvertem todas as ideias de fixidez e permanência próprias ao vocabulário das filosofias tradicionais. Por outro, as pulsões têm um estatuto inconsciente. Como psicólogo, Nietzsche apresenta a estrutura pulsional como um processo interpretativo. Para compreender isso é indispensável lembrar este pensamento presente em *Além do bem e do mal*: "nosso corpo é apenas uma estrutura social de muitas almas" (§19). Nietzsche não estaria incorrendo aqui em um círculo vicioso? Como compreender que, após ter conduzido a consciência ou a alma ao corpo, ele venha, agora, apresentar o corpo inspirando-se em uma metáfora que contenha certa ideia de alma? Não se trata, de forma alguma, de círculo vicioso, pois através dessa metáfora trata-se de revelar no corpo, muito mais do que um problema mecânico, um problema moral.

Para esclarecer um pouco mais a metáfora do corpo como estrutura social de muitas almas, vale dizer que se trata de uma espécie de coletividade que não pode ser caracterizada por nenhuma reunião fortuita de partes. Há, aqui, uma hierarquia, mas há, também, comunicação entre as partes dessa estrutura. Essas almas ou partes do corpo devem ser interpretadas segundo o vocabulário nietzschiano das relações de comando e de obediência. O que é o mesmo que dizer que as partes do corpo, ou melhor, os seres do corpo devem ser interpretados ou como subordinados ou como dominantes no interior de relações de forças. "Que o ser humano é uma multiplicidade de forças que estão em uma hierarquia, de maneira que há comandantes, mas que o mandante também deve fazer tudo para os subalternos que sirva para a sua sobrevivência e manutenção, sendo com isso ele próprio *condicionado* pela existência deles" (FP, XI, 34 [123]). O sentido dessa hierarquia está em que, através dela, há ao mesmo tempo divisão e ligação das partes. Haverá divisão quando se tratar de oposição e luta. Haverá ligação quando for a vez da integração. O corpo humano é entendido por Nietzsche como uma sociedade constituída por infinitos seres vivos em luta entre si, mas também em integração. Nessa consideração do corpo como estrutura social, ora uns vencem, ora outros. Não há como não chamar atenção, na análise nietzschiana do corpo, para a hierarquia existente entre suas partes, mas também, e isto é importantíssimo, é indispensável observar a existência de uma comunicação entre elas. Abordado dessa forma, o corpo torna-se um valor. Donde a evidente inversão dos valores operada pelo filósofo. É essa inversão dos valores que deve ser lida na seção intitulada "Dos desprezadores do corpo" do famoso livro *Assim falou Zaratustra. Um livro para todos e para ninguém* (1883-1885): "O corpo é uma grande razão, uma multiplicidade com um único sentido, uma guerra e uma paz, um rebanho e um pastor./ Instrumento de teu corpo é, também, a tua pequena razão, meu irmão, à qual chamas 'espírito', pequeno instrumento e brinquedo da tua grande razão".

No interior da filosofia nietzschiana a razão não é mais atribuída à consciência; é o próprio corpo que pensa! Dizer que o corpo é uma grande razão equivale a reconhecê-lo como jogo infinito de forças que não se autodestroem, mas que, ao contrário, se comunicam, ou seja, estabelecem um entendimento entre si: "nosso corpo é mais sábio do que nosso espírito" (FP, X, 26, [355]). Como, então, avaliar o valor deste valor, ou antes, como avaliar o estado de saúde ou de doença em um organismo vivo? É agora que o médico filósofo faz a sua maior colaboração. Para avaliar a saúde ou a doença de um corpo, de uma prática, de uma civilização, Nietzsche parte do seguinte pensamento: há saúde quando existe o valor positivo da afirmação da vida, o que termina por aumentar a própria vida; há doença quando o valor dominante é sua negação, o que diminui a vida. Vem daí a tipologia-axiológica segundo a qual o forte se opõe ao fraco, a superabundância vital se opõe ao ódio da vida, a afirmação se opõe à negação da vida.

Não se trata, porém, de afastar completamente os estados mórbidos. A esse propósito ele nos diz muito claramente que "apenas a grande dor, a lenta e prolongada dor, aquela que não tem presa, na qual somos queimados como madeira verde, por assim dizer, obriga a nós, filósofos, a alcançar nossa profundidade extrema e nos desvencilhar de toda confiança, toda benevolência, tudo o que encobre, que é brando, mediano, tudo em que antes púnhamos talvez nossa humanidade. Duvido que uma tal dor 'aperfeiçoe' —; mas sei que nos *aprofunda*" (*A gaia ciência*, §3). Não se trata de negar a dor, as dificuldades, as doenças e todos os outros estados do gênero. Ao contrário, quando alguém nega a vida, ele começa com uma incapacidade de aceitar o sofrimento. Mas também não se trata de aceitar os sofrimentos em benefício de algum mundo ideal, característica, aliás, de um corpo fraco. Como diz o filósofo, "num homem são as deficiências que filosofam, no outro, as riquezas e forças" (*A gaia ciência*, §2). Ora, segundo essa espécie de classificação, seria possível compreender por que foram os pensadores doentes que predominaram na história da filosofia. Esses pensadores construíram seus sistemas a partir de um corpo fraco, e inventaram uma ficção muito potente: o mais importante é a alma, a qual se encontra radicalmente separada do corpo. Além disso, o fraco transforma o forte em mau, pois o forte não é como o asceta que tem controle absoluto de si. E assim o fraco se vinga do forte, fazendo a fraqueza passar por força.

Saúde e doença não podem ser essencialmente diferentes. É verdade que se trata aí de dois modos de existência, mas é preciso ressaltar que entre eles só há uma diferença de grau. Se assim for, o filósofo não se identifica mais com alguém que busca obsessivamente a verdade ou a essência das coisas, mas, sim, com alguém que pratica uma interpretação. Ora, viver já é interpretar! Em relação ao corpo, o filósofo será sempre alguém que compreende o lugar da consideração do corpo objetivado, mas, além disso, ele se preocupará com o jogo plural das forças que se manifesta no corpo vivo. E será isso que ele deverá pesar para saber quanto de saúde habita um corpo, ou seja, quanto ele é capaz de interpretar e de criar valores que sejam leves, alegres, audazes. É para atingir este novo alvo que Nietzsche assinala que necessitamos de um novo meio. Esse novo meio o filósofo diz qual é em um fragmento de *A gaia ciência* chamado "A grande saúde": trata-se de uma "nova saúde, mais forte alerta firme audaz do que todas até agora". Doravante, o *não* dirigido à vida ou à experiência corporal é substituído por um *sim* de caráter trágico. Com Nietzsche chega ao fim a hostilidade em relação à vida e ao corpo, mas também chega ao fim o elogio da vida decadente. Resta que, uma vez compreendido o estado mórbido desses comportamentos, é preciso afirmar todas as virtudes de uma vida ascensional e profunda.

TERCEIRA PARTE

# MERLEAU-PONTY:
## A AMBIGUIDADE DA EXPERIÊNCIA DO CORPO PRÓPRIO

O FILÓSOFO FRANCÊS Maurice Merleau-Ponty (1908-1961) representa um marco fundamental no pensamento sobre o corpo em toda história da filosofia. Trata-se, aqui, de privilegiar um único recorte de sua filosofia com o objetivo de colocar em relevo a originalidade de seu pensamento sobre o corpo e sua estreita relação com o mundo e com outrem. Merleau-Ponty se encarrega de atribuir um estatuto à existência que é essencialmente corporal. Esta postura deve ser situada na contramão da tradição que nos acostumou a opor o sujeito e o objeto. Trata-se, então, de elaborar uma filosofia que pense a reunião do sujeito e do objeto. Merleau-Ponty suspende os prejuízos da tradição realista e intelectualista com o objetivo de revelar, aquém da dicotomia do sujeito e do objeto, uma terceira dimensão onde os opostos não são mais contraditórios e ganham seus direitos relativos. Neste cenário, o corpo aparece, inicialmente, como o mediador desta relação. O corpo é um "terceiro gênero de ser" (FP, 469).

Logo no início de sua carreira de filósofo, Merleau-Ponty escreve dois livros de grande relevância para quem se interessa pelo estudo do corpo no pensamento contemporâneo: *A estrutura do comportamento* (1942) e a *Fenomenologia da percepção* (1945), dois livros que compõem um mesmo projeto para obtenção de título de doutor em filosofia. Para compreender o ponto de partida deste filósofo é preciso insistir no fato de que para ele a filosofia e a ciência devem entreter relações que a filosofia e a ciência tradicionais não imaginavam possíveis. Neste sentido, há que se encontrar uma saída para a crise da ciência e da filosofia tradicionais que não conseguem mais dialogar. Afinal, como reconciliar a reflexão ou o contato do pensamento consigo mesmo e as condições exteriores da existência de que todos nós dependemos de modo tão manifesto? No terreno tradicional não há comunicação entre os contrários, a discordância entre esses dois pontos de vista seria tão radical que eles seriam autoexcludentes e nunca estabeleceriam uma relação. A relação aqui seria de pura exterioridade e excomunhão recíproca. A propósito, um dos traços marcantes da filosofia merleau-pontiana consiste na exclusão ou na suspensão destes prejuízos tradicionais que forçam o sujeito a ter que escolher entre um dos dois lados da alternativa, a saber, a existência ou como coisa ou como consciência. Para a tradição, "existem dois e somente dois modos de ser: o ser em si, que é aquele dos objetos estendidos no espaço, e o ser para si, que é aquele da consciência" (FP, 468). Será mesmo que precisamos escolher entre o contato reflexivo descoberto por Descartes e as descobertas das determinações de todo tipo tal como nos ensinam todas as ciências humanas? Não se trata de abrir mão da filosofia, da liberdade do sujeito pensante, em detrimento das aquisições dos saberes históricos e psicológicos que revelam as dependências do homem ao meio físico, orgânico, social e histórico. Na verdade, seria preciso compreender que somos livres, não a despeito de nossas amarras corporais, sociais e históricas, mas graças a elas. Se o corpo nos constrange a sempre ter um ponto de vista, devemos observar desde já que é graças a ele que temos, justamente, um ponto de vista: ele é, ao mesmo tempo, o que limita e abre a experiência. Não podemos abrir mão nem do ponto de vista subjetivo, nem do objetivo. O homem é simultaneamente sujeito e objeto, ativo e passivo. Para compreender isso é que Merleau-Ponty empreende uma revisão das categorias tradicionais. Por que fazer essa revisão? Ora, se não a empreendermos, o conflito perpétuo que caracteriza a crise retorna e não temos condições apropriadas para compreender o duplo aporte de nossa condição: a atividade e a passividade. É graças a isto que o filósofo deve recuar a um "meio comum" onde autonomia e dependência não sejam mais contraditórias, mas voltem a entreter um diálogo.

Merleau-Ponty empreende um trabalho de arqueólogo e procura reencontrar, sob os sedimentos dos conhecimentos e do senso comum, o contato ingênuo com o mundo que a filosofia procura despertar. Este trabalho de arqueólogo que pretende escavar e recuar aquém das opiniões do senso comum, das construções e das idealizações da ciência e da filosofia tradicionais tem um objetivo nada modesto. No Prefácio de sua *Fenomenologia da percepção* ele nos diz que "a verdadeira filosofia é reaprender a ver o mundo" (FP, 19). Em relação ao corpo, reaprender a vê-lo equivale a compreender que "a experiência do corpo revela-nos um modo de existência ambíguo" (FP, 269). Pensar o corpo equivale a reencontrar, sob a experiência objetiva do corpo, essa evidência ambígua que é o corpo próprio em sua relação originária com o mundo e com outrem.

## *O corpo visto do exterior*

PARA COMPREENDER ESSE PENSAMENTO, vale a pena retomar parte do itinerário do filósofo para entender o sentido dessa ambiguidade no nível da existência corporal. A ambiguidade de que fala Merleau-Ponty se situa no nível da percepção, pois é aqui, no registro da relação ou da junção entre o corpo e a alma, que podemos entender as relações do sujeito pensamente com as condições orgânicas de sua vida. Para analisar a percepção,

Merleau-Ponty desdobra um duplo ponto de vista que já pode ser lido indiretamente no título de suas duas primeiras obras: por um lado, é preciso abordá-la do "exterior do homem que percebe" e extrair o sentido válido de todas as pesquisas experimentais que o abordam do ponto de vista do espectador estrangeiro. Aqui, o filósofo se situa no nível do objeto percebido e analisa as estruturas do comportamento. Por outro lado, não podemos nos contentar com a compreensão exterior, pois há ainda o ponto de vista que se coloca no "interior do sujeito". Desse segundo ponto de vista, os saberes adquiridos, a experiência espontânea, as ciências humanas e a filosofia fenomenológica nos convidam a conceber uma nova relação, ou melhor, um circuito formado pelo corpo, pelo mundo e pelas outras pessoas. O filósofo se preocupa, então, em pensar a experiência que o sujeito da percepção faz do interior do mundo vivido, isto é, uma fenomenologia da percepção. Esses dois pontos de vista mantém estreita comunicação; não podemos separar o objeto percebido do sujeito da percepção. Em suma: o primeiro ponto de vista será tratado no livro de 1942 e o segundo no livro de 1945. O primeiro se situa no nível do objeto percebido, o segundo no nível do sujeito da percepção, donde sua complementaridade explícita.

Em *A estrutura do comportamento*, Merleau-Ponty apresenta a matéria, a vida e o espírito como "três planos de significação ou três formas de unidades" (EC, 312).

Não se trata de ver aí três ordens da realidade ou tipos de ser. Matéria, vida e espírito não são objetos de pensamento, mas, sim, objetos de percepção. Em relação ao corpo, Merleau-Ponty ressalta o seu perfil em cada uma destas três formas de unidades: em relação à matéria ou ao plano físico, o corpo é considerado como uma "massa de compostos químicos em interação". Em relação à biologia ou ao plano da vida, o corpo é "a dialética do vivente e de seu meio". Em relação à psicologia ou ao plano do espírito, o corpo é "a dialética do sujeito social e de seu grupo, e mesmo todos nossos hábitos são um corpo impalpável para o eu de cada instante" (EC, 325). As estruturas do comportamento se relacionam, pois Merleau-Ponty nos diz que a humanidade não deve ser superposta à vida e à matéria. Se há algum privilégio da ordem humana ele deve ser compreendido no sentido de que essa terceira ordem é a condição de possibilidade e o fundamento das demais. Porém, a ordem humana deve se assentar na ordem vital e física. Se assim não fosse, seria incompreensível o fato de que os comportamentos espirituais ditos superiores mantêm as dialéticas subordinadas (a matéria e a vida). Nos comportamentos humanos normais ou integrados "os processos somáticos não se desenrolam isoladamente e são inseridos em ciclos de ação mais extensos" (EC, 281). Já em casos de alucinação e mesmo no erro, aquilo que barra a relação intersubjetiva não são os determinismos corporais, psíquicos ou sociais, mas a "emergência de dialéticas imperfeitas, de estruturas parciais" (EC, 339). O que é o mesmo que dizer que com a humanidade as formas vitais e físicas são postas em suspenso e recebem uma significação nova. Isso não quer dizer que as formas inferiores foram completamente suprimidas. A prova disso está em que pode haver uma queda da dialética humana para o nível do comportamento biológico e mesmo físico. É o que acontece quando ficamos organicamente doentes e quando somos feridos de modo radical. Considerado a partir do ponto de vista do objeto percebido, isto é, do exterior, "cada um desses graus [do corpo] é alma em relação ao precedente, corpo para o seguinte". E ele acrescenta imediatamente: "o corpo em geral é um conjunto de caminhos já traçados, de poderes já constituídos, o solo dialético adquirido sobre o qual se opera uma colocação em forma superior e a alma é o sentido que então se estabelece" (EC, 325). Dizer que há uma colocação em forma ou uma enformação das dialéticas físicas e vitais no comportamento humano equivale ao reconhecimento de que a percepção humana se identifica com o terceiro plano de significação. Mas, também, que ela engloba o corpo como massa de compostos químicos em interação e o corpo orgânico, o qual deve ser interpretado como "centro de ações vitais que se estendem em um segmento de tempo, respondem a certos conjuntos concretos de estímulos e fazem que todo organismo colabore" (EC, 281).

Como compreender, neste contexto, o afastamento das teorias tradicionais? Merleau-Ponty nos lembra que todas as teorias da percepção pretendem "superar uma contradição bem conhecida". Que contradição é essa? Ela consiste em afirmar, por um lado, que "a consciência é função de um corpo, ela é assim um acontecimento 'interior' que depende de certos acontecimentos exteriores". Por outro lado, ela afirma que "esses próprios acontecimentos exteriores são conhecidos apenas pela consciência" (EC, 333). Dito de outro modo: essa contradição afirma, por um lado, que a consciência é condicionada pelo mundo, ela é parte do mundo exterior, por outro, ela afirma que a consciência é a condição de possibilidade do mundo, ela o faz aparecer. Merleau-Ponty procura afastar esses dois extremos: o naturalista e o intelectualista perdem o "fenômeno autêntico" da percepção precisamente porque deixam de dar adesão à "estrutura própria da experiência perceptiva": "a referência dos 'perfis' parciais ao significado total que eles 'apresentam', seria esse fenômeno" (EC, 334). Para especificar o estatuto do fenômeno perceptivo, assim como o estatuto da consciência perceptiva encarnada para a qual aparecem os fenômenos perceptivos, é preciso frisar que não devemos nos situar no plano das ciências, já que elas "se colocam em um mundo 'completo' e real sem aperceber que com relação a este mundo a experiência perceptiva é constituinte" (EC, 337). As ciências devem ser situadas em relação a um "campo de percepção vivido". Dizer que esse campo é vivido é o mesmo que dizer que em relação a ele o conhecimento científico é tardio, pois a relação originária entre o sujeito e o objeto não é a relação de conhecimento, mas uma relação de ser. O que Merleau-Ponty não quer deixar escapar a propósito da relação do corpo e da alma é o fato de que "os dois termos nunca podem se distinguir absolutamente sem deixar de ser, sua conexão empírica é pois fundada na operação originária que instala um sentido em um fragmento de matéria, fazendo-o nela habitar, aparecer, ser" (EC, 324).

O estatuto deste fenômeno autêntico da percepção só é apreendido quando abordamos a rede expressiva aberta pelo perspectivismo da percepção. As significações presentes nesse campo perceptivo vivido devem ser motivadas, elas devem preservar o "*índice de existência real*" segundo o qual as coisas se apresentam para uma consciência encarnada ou perceptiva. O duplo ponto de vista tradicional que interpreta a percepção tende, justamente, a esquecer a operação originária que instaura o sentido perceptivo. As teorias tradicionais se atêm, então, ao resultado do processo perceptivo, isto é, o objeto percebido. Vem daí que a discordância entre elas seja fundada sobre "a estrutura ambígua da experiência perceptiva" (EC, 338). Reconheçamos, então, que através da experiência perceptiva temos acesso a um mundo intersubjetivo, a um mundo no qual os objetos têm propriedades estáveis que são válidas fora da história pessoal da consciência. Logo, "há coisas *exatamente no sentido em que as vejo*, na minha história e fora dela, inseparáveis dessa dupla relação" (EC, 338). Este é o perspectivismo da percepção verdadeira que encontramos ao retornar à percepção como "tipo de experiência originária". Somente nesse nível da experiência é possível compreender "a constituição do mundo real em sua especificidade". Para que a especificidade desse mundo real fique clara, é indispensável uma "inversão do movimento natural da consciência" para termos acesso aos seus perfis, isto é, ao fenômeno autêntico. Uma vez operada essa inversão, resta que "a relação vivida dos 'perfis' com as 'coisas' que eles apresentam" não é uma relação do tipo lógico-conceitual, mas do tipo intencional.

Como apreender, então, a "ambiguidade da natureza corporal"? Essa ambiguidade nos dá, precisamente, o solo segundo o qual todas as futuras experiências de caráter científico devem se remeter. Se o corpo não pode ser considerado nem como uma simples coisa, nem como uma ideia pura, é porque ele é um "caso particular do perspectivismo da percepção" (EC, 330). O seu sentido não pode ser separado de sua estrutura concreta e encarnada. O corpo não é acessível a uma exploração ilimitada. Enquanto fenômeno de estrutura, sua configuração ou forma é um fenômeno no qual há uma referência das partes ao todo. Se a análise do corpo humano nos conduz à relação do corpo como seu meio e coloca em relevo uma consciência do tipo perceptivo engajada em configurações concretas, resta que essa análise do ponto de vista do espectador estrangeiro não esgota o fenômeno perceptivo. É verdade que sob o objeto de conhecimento a análise do ponto de vista exterior encontrou o objeto percebido. Mas é preciso, agora, considerar a relação de reciprocidade efetiva entre os sujeitos da percepção no interior do próprio mundo percebido, momento em que tais sujeitos se identificam com aquilo ou com quem eles percebem. A análise do espectador estrangeiro permite a Merleau-Ponty compreender uma estrutura do comportamento que não pode ser reduzida nem à ordem das coisas, nem a um espírito desencarnado. Ela reintegra o corpo como uma totalidade que deve ser compreendida do ponto de vista exterior. É nesse sentido que, em 1948, em uma palestra pronunciada na Rádio Nacional Francesa e publicada sob o título de *Conversas*, ele nos diz que "observar o homem de fora é a crítica e a saúde do espírito" (C, 53). Isso autoriza o filósofo a passar para o ponto de vista da "percepção em nós", a qual esclarece a natureza do sujeito perceptivo e a junção entre o ponto de vista objetivo e reflexivo.

## O corpo visto do interior

NA *FENOMENOLOGIA DA PERCEPÇÃO*, Merleau-Ponty faz questão de notar que "quer se trate do corpo do outro ou de meu próprio corpo, não tenho outro meio de conhecer o corpo humano senão vivê-lo, quer dizer, retomar por minha conta o drama que o transpassa e confundir-me com ele" (FP, 269). Temos, aqui, o eixo das ideias de Merleau-Ponty: é o corpo que percebe, "o corpo é um eu natural e como que o sujeito da percepção" (FP, 278). Esse corpo não é um sujeito puro e transparente que pratica um sobrevoo, assim como o mundo que lhe é correlato não é um objeto cujas partes são independentes ou exteriores umas às outras. Na verdade, o sujeito está situado em seu corpo, ele está engajado ou em contato com um mundo que não lhe é estranho. No contexto do livro de 1945, é muito importante abordar, desde o início, uma distinção muito cara a Merleau-Ponty: é preciso distinguir duas abordagens do corpo. Por um lado, o corpo é tratado como coisa, por outro, ele é o corpo próprio. O corpo-coisa ou o corpo-objeto se identifica com um objeto físico em si que deve ser interpretado segundo as leis da mecânica, que pode ser decomposto em elementos. Aqui, o corpo é um objeto entre outros objetos e está situado no espaço-tempo objetivo: "eu considero meu corpo, que é meu ponto de vista sobre o mundo, como um dos objetos deste mundo" (FP, 108). Trata-se do corpo em ideia ou pura representação. O corpo-objeto é o resultado e a consequência natural da experiência perceptiva: o objeto enquanto resultado do processo perceptivo nos obseda, fazendo esquecer o perspectivismo da experiência. Toda a dificuldade é, agora, compreender como é possível haver, para o corpo considerado como sujeito da percepção ou corpo-sujeito, o corpo-objeto. Projeto que só pode ser compreendido se frisarmos que é do interior da orientação natural que devemos partir se quisermos encontrar o corpo-sujeito. É a fisiologia e a psicologia contemporânea que, ao minar nossas ideias tradicionais, revelam o movimento da existência.

É neste contexto que devemos recolocar o problema da relação entre o fisiológico e o psicológico. O ponto em comum da fisiologia e da psicologia é, então, a existência. Não o corpo-objeto, mas o corpo-sujeito, ou seja, meu corpo pessoal. Na verdade, a vida humana está inteiramente apoiada sobre o corpo e associada às relações intersubjetivas. Para erigir um discurso consistente sobre o corpo, é indispensável recuar aquém tanto das teorias clássicas do mecanicismo físico próprio ao naturalismo cientificista, quanto da finalidade da consciência constituinte própria à filosofia intelectualista. Não basta justapor essas duas teorias para reencontrarmos, por baixo dos sedimentos do senso comum e das ciências, a existência. A esse propósito é que o argumento do membro fantasma pode ser muito útil, pois essa patologia perceptivo-motora ocasionada por uma lesão física pode nos revelar modos de organizações da vida corporal que, por contraste, nos ajudam a compreender o corpo do homem normal.

## O membro fantasma e as duas camadas do corpo

A PATOLOGIA DO MEMBRO FANTASMA é uma ilusão ou uma alucinação que aparece logo após a amputação de um membro do corpo, braço ou perna. Após a amputação o paciente experimenta sensações desagradáveis ou dolorosas que parecem residir na parte do corpo que foi perdida; ele sente o membro amputado, que o acompanha por todo lado. Há, ainda, a patologia inversa do membro fantasma, a anosognosia, em que o paciente não reconhece mais o seu membro que, todavia, ainda faz parte de seu corpo; aqui, o paciente sente o espaço de seu corpo como estranho, a despeito do testemunho dos sentidos. Não se trata de negar a existência de fatores psicológicos, históricos e físicos. Quando lançamos mão do argumento do membro fantasma é que procuramos estabelecer uma comunicação entre o corpo e o espírito que encontra suas raízes em um saber pré-consciente que o próprio corpo tem de si e de sua relação com o mundo. Retomemos o argumento: o fenômeno do membro fantasma não pode ser explicado inteiramente pela fisiologia. O estímulo por si só não explica o fenômeno. É a situação que dá sentido ao estímulo. Mas este fenômeno também não pode ser explicado somente pela psicologia, pois não é por uma espécie de vontade ou crença que o paciente experimenta o membro fantasma. A explicação pela psique também não é suficiente. Na verdade, os determinantes psíquicos e fisiológicos estão engrenados uns nos outros. Para compreender isso é preciso encontrar um terreno comum entre eles. Vale a ressalva de que uma teoria mista que pretendesse justapor estas duas séries de considerações — fatos fisiológicos e fatos psíquicos — não ajudaria em nada. Por quê? Porque só poderia haver mistura das duas séries de fatos "se encontrássemos o meio de articular um ao outro, 'psicológico' e o 'fisiológico', [...] e de preparar entre eles um encontro, [...] [e se essas duas séries] pudessem ser integradas em um meio que lhes fosse comum" (FP, 116). Esta engrenagem ou circularidade, este ponto de aplicação comum ou terreno comum não pode ser explicado no terreno da filosofia tradicional.

Este meio comum ou terceira dimensão aquém das dicotomias clássicas é precisamente aquilo que o filósofo alemão Martin Heidegger (1889-1976) cunhou sob a noção de *ser-no-mundo*. Tanto na análise de Heidegger quanto na de Merleau-Ponty, essa noção que opera a junção dos contrários só adquire sua verdadeira espessura na análise da temporalidade. Essa noção nos ajuda a compreender que é no nível do ser-no-mundo que se explica o fato de que a consciência engajada guarda um campo prático que o paciente possuía antes da amputação. Trata-se de um "saber latente" que consiste na "experiência recalcada" de um "antigo presente que não se decide a tornar-se passado", mas permanece "quase-presente". Vem daí que nosso corpo abrigue "duas camadas distintas" (FP, 112): por um lado, o corpo atual em que os gestos de manejo dos objetos desaparecem com o membro amputado; por outro, o corpo habitual em que o paciente ainda sente o antigo membro, corpo no qual os gestos do membro em questão ainda figuram de modo latente. Dito de outro modo: o paciente que experimenta o membro fantasma age como se o seu corpo atual não estivesse limitado pelo acidente. A possibilidade das ações de seu corpo habitual fala mais alto do que a limitação imposta pela amputação de seu membro.

Uma vez que reintegramos o fisiológico e o psicológico na existência, ou melhor, na dimensão do ser-no-mundo, as duas ordens não se distinguem mais, pois ambas se encontram polarizadas em direção ao mundo percebido. Não se trata de dizer que com esta noção de ser-no-mundo o corpo esteja no mundo como um objeto dentro de uma caixa. Ela designa o movimento originário de um existente que vive sempre no exterior, no mundo. Em sua obra principal, publicada em 1927 — *Ser e tempo* (§13) —, Heidegger nos diz que o ser-no-mundo revela um "'*comercium*' do sujeito com o mundo", o que equivale a dizer que estar fora de si é o mesmo que ser-no-mundo. Não existe sujeito separado de um mundo; estamos sempre abertos ao mundo! Essa noção nos ajuda a perceber que este comércio originário com o mundo — e o fato de habitarmos ou vivermos no seu interior — é anterior a toda espécie de relação de conhecimento entre o sujeito e o objeto. A consistência da subjetividade neste nível revela que o ser-no-mundo é da ordem prática, ele é uma *"visão pré-objetiva"* e realiza a junção do psicológico e do fisiológico. Em que essa noção pode nos ajudar na análise do fenômeno do membro fantasma? Essa noção nos ajuda a compreender a "amplidão de nossa vida" (FP, 119). A vivência corporal do paciente encontra-se estreitada, já que o corpo perdeu seu poder costumeiro de responder a certas situações típicas. O fenômeno do membro fantasma não pode ser explicado com as categorias do mundo objetivo, no qual "não há meio termo entre a presença e a ausência" (FP, 120). Tal fenômeno é vivido na ambiguidade fundamental da presença-ausência, ou seja, o corpo é ao mesmo tempo passivo e ativo. Esse fenômeno não pode ser explicado com o pensamento objetivo. Por quê? Porque "o corpo é o veículo do ser-no-mundo, e ter um corpo é, para um ser vivo, juntar-se a um meio definido, confundir-se com certos projetos e empenhar-se continuamente neles" (FP, 122).

Não é preciso ver contradição onde há ambiguidade. Isso só ocorreria se interpretássemos o fenômeno com as alternativas conceituais contraditórias. Para compreender que o corpo ao mesmo tempo guarda um campo prático ou um mundo habitual e se engaje em uma situação atual, ou antes, para compreender como um paciente queira pegar um objeto sem ter braço, é preciso lembrar as duas camadas do corpo. É na camada do corpo habitual que figuram os gestos feitos pelo membro que não existe mais na camada do corpo atual. Aqui, o corpo habitual aparece como "fiador" do corpo atual. Há, então, um corpo que me é dado na "experiência instantânea, singular, plena", e um corpo que me é dado segundo um "aspecto de generalidade e como um ser impessoal" (FP, 123). Neste momento, o organismo deve ser entendido como uma "adesão pré-pessoal à forma geral do mundo, como existência anônima e geral". O organismo "desempenha, abaixo de minha vida pessoal, o papel de um *complexo inato*"; ele "não existe como uma coisa inerte, mas esboça, ele também, o movimento da existência" (FP, 125). Esta dimensão orgânico-corporal não pode estar em contradição com os atos pessoais do sujeito, já que, concretamente considerado, o homem é o "vaivém da existência" entre esses dois polos (FP, 130).

Para interpretar o fenômeno do membro fantasma, Merleau-Ponty se apoia nas análises do filósofo, neurologista e psicanalista austríaco Paul Schilder (1886-1940) e compara o membro fantasma ao recalque, tal como é compreendido por outro austríaco pai da psicanálise, Sigmund Freud (1856-1939). Os estímulos provenientes do coto administram um vazio que a história do paciente vem preencher. No caso do recalque, o sujeito "se empenha em certa via — relação amorosa, carreira, obra —, encontra uma barreira nessa via e, não tendo força nem para transpor o obstáculo nem para renunciar ao empreendimento, permanece bloqueado nessa tentativa e emprega indefinidamente suas forças em renová-lo no espírito" (FP, 123). A presença de uma forma típica de recordação é o recalque. Logo, da mesma maneira que existe recalque na vida psíquica, também existe recalque na vida orgânica. O membro fantasma é o "mesmo" membro que foi amputado, ele "vem assombrar o corpo sem se confundir com ele": "como advento do impessoal, o recalque é um fenômeno universal, ele faz compreender nossa condição de seres encarnados ligando-a à estrutura temporal do ser-no-mundo" (FP, 124). Essa concepção do recalque orgânico tem sua origem nos trabalhos de Schilder, para o qual existe uma repressão orgânica e um recalque orgânico: a amputação foi ignorada por causa da existência de um desejo inconsciente de ignorá-la! A mesma lei se exerce nas ordens psíquicas e orgânicas. A atitude não é idêntica, ela é "similar" às atitudes inconscientes. Em seu livro de 1950 — *A imagem do corpo. Estudo das forças construtivas da psique* —, Schilder nos diz que a expressão "recalque orgânico" "é uma ilustração da profunda comunidade entre a vida psíquica e a função orgânica", e que "toda mudança na função orgânica pode desencadear mecanismos psíquicos que são aparentados a esta função".

Posto que não podemos compreender o fenômeno do membro fantasma nem como soma de reflexos, nem como atos da consciência, nem com uma teoria mista que justapõe essas duas séries de fatos, é preciso frisar que a própria situação dá sentido ao estímulo e faz com que o estímulo seja para um sujeito. Para compreender mais profundamente essa tese, Merleau-Ponty nos diz que "a ambiguidade do ser-no-mundo se traduz pela ambiguidade do corpo, e esta se compreende por aquela do tempo" (FP, 126). O que está em questão aqui é, precisamente, a "natureza enigmática do corpo próprio"; afinal, "ele não está ali onde está, ele não é aquilo que é" (FP, 267). Sua realidade não é mecânica, nem intelectual. A fisiologia moderna nos ensina que é a existência que encontramos no corpo; já a psicologia nos proíbe compreender o corpo como um simples objeto: ambas as disciplinas revelam o sujeito da percepção, o qual encarna a própria subjetividade. A fisiologia e a psicologia modernas permitem ao filósofo manter-se em contato com a vida anônima do sujeito. O corpo habita o mundo que lhe é familiar orientando-se e caminhando nele com uma consciência que não é propriamente cognitiva. Aqui, há uma referência radical ao mundo que deve ser compreendida nos moldes da intencionalidade, a qual não funciona segundo o modelo que separa o sensível da significação ("eu penso"). A intencionalidade do corpo é um "eu posso", o qual é orientado em direção a um mundo prático. Isso explica o fato de que o corpo normal esposa certas formas privilegiadas em função de uma ação possível que não separa a percepção da ação. Esta intencionalidade do corpo é a motricidade, a qual é uma "intencionalidade original" (FP, 192).

## A motricidade e o espaço corporal: o caso Schneider

ANALISAR O CORPO PRIVILEGIANDO sua vida intencional nos força a reconhecer ao mesmo tempo seu caráter ativo e passivo, ou antes, a correlação entre esses dois polos. O corpo é descrito como o lugar da apropriação do espaço, do objeto e dos instrumentos culturais. Há uma relação entre o corpo como sujeito encarnado e seu mundo, relação ambígua, já que entre corpo e mundo há distância e proximidade. O corpo fenomenal do sujeito da percepção se revela, então, como um meio de comunicação com o mundo. Na verdade, "o corpo próprio está no mundo assim como o coração no organismo; ele mantém o espetáculo visível continuamente em vida, anima-o e alimenta-o interiormente, forma com ele um sistema" (FP, 273). A intencionalidade do corpo, ou seja, a motricidade, não pode ser interpretada com uma decomposição das representações do movimento, nem com a decomposição dos fenômenos nervosos; ela é ao mesmo tempo perceptiva e motora. O ser-no-mundo ou o existente porta uma intencionalidade que já se anuncia através da análise dos fenômenos patológicos, os quais devem ser compreendidos como uma passagem ao limite que nos diz algo sobre o fundamental.

Este é o sentido da afirmação de Merleau-Ponty segundo a qual a "recusa da deficiência é apenas o avesso de nossa inerência a um mundo, a negação implícita daquilo que se opõe ao movimento natural que nos lança a nossas tarefas, a nossas preocupações, a nossa situação, a nossos horizontes familiares" (FP, 121). Para compreender a relação do corpo com o espaço, Merleau-Ponty analisa um caso muito especial de patologia perceptivo-motora: o caso Schneider descrito pelos psicólogos alemães Adhémar Gelb (1887-1936) e Kurt Goldstein (1886-1965). Schneider foi um soldado alemão que teve lesões cerebrais na região occipital decorrentes de um ferimento devido à explosão de uma granada durante a Primeira Guerra Mundial.

Schneider é incapaz de realizar movimentos abstratos, ou seja, movimentos como, por exemplo, mover os braços ou as pernas sob comando do médico ou esticar e flexionar um dedo. Ele não consegue realizar movimentos abstratos de olhos fechados. O paciente não consegue mais descrever as posições de seu corpo e de seus membros e, quando o médico toca em seu corpo, ele não consegue dizer qual é a parte tocada. Porém, tal paciente realiza muito bem todos os movimentos habituais necessários para a vida concreta. Apesar de Schneider não conseguir mostrar uma parte de seu corpo com uma ordem médica, ele consegue, todavia, coçar a mesma parte de seu corpo quando picada por um mosquito. Merleau-Ponty retoma a distinção estabelecida por Gelb e Goldstein entre os dois tipos de movimentos: o movimento concreto de apreender e o movimento abstrato de mostrar. Primeiramente, o filósofo reconhece uma consciência de lugar que não tem análogo no mundo objetivo. Para compreender que o espaço pode ser dado em uma intenção de apreensão aquém de uma intenção de conhecimento, é interessante notar que "o doente tem consciência do espaço corporal como local de sua ação habitual, mas não como ambiente objetivo, seu corpo está à sua disposição como meio de inserção em uma circunvizinhança familiar, mas não como meio de expressão de um pensamento espacial gratuito e livre" (FP, 151). O gesto de "mostrar", aqui, denota uma intenção de conhecimento, um movimento de designação; o gesto de "apreender" ou fazer um movimento concreto inscreve o corpo em certa situação vital ou circunvizinhança familiar e prática. Isso tudo expressa certo poder do corpo sobre o mundo. O que o doente não faz é executar uma ação normal. Quando um homem normal executa uma ação, ele reconhece aí uma situação de experiência e se coloca inteiramente naquilo que está fazendo. Através de seu corpo, ele "representa", ele se "diverte", "ele se 'irrealiza'" em sua experiência "como o ator introduz seu corpo real no 'grande fantasma' do personagem a representar" (FP, 152). Portanto, de modo contrário ao paciente do membro fantasma que vive seu corpo habitual, Schneider encontra-se inteiramente circunscrito nos limites de seu corpo atual, perdendo, então, a flexibilidade própria ao normal, isto é, sua mobilidade no interior do campo dos possíveis.

Aquilo que o homem normal possui em comum com um ator é a flexibilidade de não tomar por reais situações que são imaginárias. Além disto, e de modo inverso, elas "destacam seu corpo real de sua situação vital para fazê-lo respirar e, se necessário, chorar no imaginário. É isto que [Schneider] não pode mais fazer" (FP, 152). O doente não é mais capaz de ter um comportamento abstrato e seu corpo não sai mais da situação vital que lhe é própria. O doente não vive mais sincronizado ao ritmo do mundo. O ensinamento deste argumento consiste em que podemos nos instalar, por intermédio de nosso corpo enquanto "potência de certo número de ações familiares", em uma circunvizinhança também familiar que é habitada por objetos ou situações que motivam o sujeito da percepção. Encontramos, novamente, aquela correlação muito estreita entre o corpo e o mundo. O caso Schneider nos obriga a admitir que a consciência se serve dos dados sensoriais para exprimir seus atos espontâneos. Para o doente, seu corpo está implicado em um meio concreto e está aberto somente a situações reais. Já o sujeito normal tem seu corpo relacionado com o mundo virtual ou abstrato, ele está aberto a situações reais e fictícias. As estimulações corporais suscitam um tipo de movimento virtual, o homem normal pode "situar-se no virtual", ele *conta com* o possível"; já o doente está "encerrado no atual".

Quando o médico mostra a Schneider uma caneta, ele é incapaz de reconhecê-la e de nomeá-la enquanto tal; Schneider pode descrevê-la ao ensaiar hipóteses, deduções, verificações, chegando, enfim, em uma ideia de caneta. Na percepção patológica, o objeto não é identificado, ele é interpretado pelo doente que não consegue reconhecer a utilidade prática de uma caneta, o que faz com que o objeto perca seu sentido ou seu valor usual. O procedimento de Schneider "põe em evidência, por contraste, o método espontâneo da percepção normal, este tipo de vida das significações que torna a essência concreta do objeto imediatamente legível, e que até mesmo só através dela deixa aparecer suas 'propriedades sensíveis'. É essa familiaridade, essa comunicação com o objeto que aqui está interrompida" (FP, 184). É o próprio campo perceptivo que perde, no doente, sua plasticidade normal.

Esta análise do movimento abstrato e do movimento concreto nos doentes põe em relevo a "posse do espaço" pelo corpo e revela uma significação motora que é expressiva enquanto projeto motor. O que falta a Schneider não é nem a motricidade, nem o pensamento. O que devemos reconhecer com este caso é "uma antecipação ou uma apreensão do resultado assegurada pelo próprio corpo enquanto potência motora, um 'projeto motor', uma 'intencionalidade motora' sem os quais a ordem do médico permanece letra morta" (FP, 159). Já temos condição de perceber, por contraste, que o movimento e o fundo do movimento fazem parte de um único todo. No sujeito normal não há a dissociação existente no doente entre o movimento abstrato e o movimento concreto. Movimentar o corpo e visar as coisas através dele são dois momentos de uma única totalidade. Merleau-Ponty se interessa, assim, pela capacidade humana de "inverter" a relação natural entre o corpo e a circunvizinhaça. Desde então, é indispensável fazer aparecer a "produtividade humana através da espessura do ser" (FP, 162). O corpo próprio que o sujeito da percepção move em direção a algo que lhe agrada não é um mecanismo, não é um objeto. A motricidade aparece a meio caminho entre a consciência expressa e o puro ente físico; ela não é ato de consciência, nem soma de reflexos.

Merleau-Ponty não deixa de notar a singularidade do corpo próprio em face do corpo físico; aliás, essa originalidade anda junta com a originalidade do espaço corporal. As expressões "sobre", "sob" e "ao lado de", quando se referem ao corpo próprio, não têm o mesmo significado ao se referirem a um objeto. Por quê? Pela razão de que as partes do corpo têm uma conexão viva, elas se envolvem reciprocamente. A unidade do corpo próprio é comparável à da obra de arte. Pois na arte é bastante claro o fato de que forma e conteúdo não podem se separar, ou melhor, a expressão e aquilo que foi expresso são indissociáveis, pois formam um "nó de significações vivas". "Um romance, um poema, um quadro, uma peça musical são indivíduos, quer dizer, seres em que não se pode distinguir a expressão do expresso, cujo sentido só é acessível por um contato direto, e que irradiam sua significação sem abandonar seu lugar temporal e espacial. É nesse sentido que nosso corpo é comparável à obra de arte" (FP, 209).

## O esquema corporal, o hábito e a estrutura temporal do corpo

O CORPO PRÓPRIO É de tal maneira original que nele o todo é anterior às partes: o todo, no corpo próprio, não resulta do somatório ou da agregação das partes. Ele não é uma justaposição objetiva dos órgãos no espaço objetivo. "Eu o tenho em uma posse indivisa e sei a posição de cada um de meus membros por um *esquema corporal* em que eles estão todos envolvidos" (FP, 143). A propósito, a patologia de Schneider é uma patologia do esquema corporal, o qual deve ser compreendido como a condição da experiência no interior do mundo percebido. O esquema corporal não é nem um simples resultado de associações estabelecidas durante a experiência, nem uma tomada de consciência global. O esquema corporal integra as partes do corpo, ele é um centro de perspectiva. Merleau-Ponty remaneja este conceito de origem psicológica para o universo do ser--no-mundo que está sempre em situação. A noção de esquema corporal expressa um "sistema de equivalência" que faz com que as diferentes tarefas motoras sejam imediatamente transponíveis. Ele opera a passagem e a expressão entre o pensamento e o corpo, dá sentido às ordens verbais, é o centro de uma expressividade global, e estabelece uma equivalência entre meus gestos e a totalidade dos outros gestos: o esquema corporal é uma unidade expressiva.

O que é o hábito? Como sempre, devemos nos situar fora das alternativas tradicionais: o hábito não é conhecimento, nem automatismo. O hábito é uma espécie de saber adquirido do corpo pré-objetivo, ele é uso e extensão do esquema corporal. Quando alguém digita um texto, tal pessoa faz a equivalência entre a letra e o gesto do corpo como resposta motora. Há, aí, uma espontaneidade, uma produtividade, tal pessoa faz isto sem pensar. Essa pessoa integrou o espaço do teclado ao seu espaço corporal. O digitador procede "por um saber de familiaridade" que faz com que o deslocamento dos dedos expresse certa modulação da motricidade. Na aquisição do hábito, é o corpo que "compreende" o texto sensível. O hábito deve nos ensinar que há uma apreensão de uma significação pelo corpo, mas, atenção, trata-se de uma "apreensão motora de uma significação motora". Desde então, podemos dizer que o corpo compreendeu e um hábito foi adquirido, momento em que o corpo se deixa penetrar por uma significação existencial nova. A consciência perceptiva está para a coisa e para o espaço por intermédio do corpo.

Na filosofia de Merleau-Ponty, o corpo se apresenta ao mesmo tempo em duas camadas da existência que estão entrelaçadas: a pessoal e a impessoal. Para compreender como elas se comunicam é preciso, finalmente, dizer que elas se "comunicam pela mediação do tempo" (FP, 623). Não faltam textos em que Merleau-Ponty nos diz que para entender a união da alma e do corpo é preciso entendê-la como temporal. Em um dos textos mais significativos ele nos diz que "a subjetividade, no plano da percepção, não é senão a temporalidade, e é isso que nos permite preservar no sujeito da percepção a sua opacidade e sua historicidade" (FP, 321). Merleau-Ponty nos diz que o corpo "secreta tempo", pois ele "ata em conjunto um presente, um passado e um futuro". A própria experiência sensorial é temporal. Por meio da exploração sensorial, o corpo "toma posse do tempo", ele "faz o tempo em lugar de padecê-lo". O corpo reconhece um passado no interior do presente e orienta sua situação para o futuro. Para compreender a relação deste corpo que faz o tempo com o corpo que sofre o tempo, Merleau-Ponty nos diz que há aí fundação. Esse conceito pode ser compreendido com o seguinte raciocínio: por um lado, dizer que o corpo-sujeito é primeiro no sentido cronológico é um engano, pois ele só é primeiro no sentido de que o corpo-objeto se apresenta como uma explicitação do corpo-sujeito.

Por outro lado, é por intermédio do corpo-objeto que o corpo-sujeito se manifesta (FP, 527).

## A sexualidade e a linguagem como condutas corporais

NÃO PODEMOS DEIXAR DE NOTAR que o corpo possui uma estrutura afetivo-sexual de extrema importância. A sexualidade é uma modalidade do ser-no-mundo; ela deve ser compreendida sempre como fazendo sentido para o sujeito da percepção. Há um meio afetivo no qual os objetos e os seres "põem-se a existir para nós pelo desejo ou pelo amor" (FP, 213). Afastemos, então, imediatamente as alternativas clássicas: a vida sexual não é a resposta condicionada causada por estímulos exteriores, nem ação de uma consciência todo-poderosa. "É preciso que exista um Eros ou uma Libido que animem um mundo original, deem valor ou significação sexuais aos estímulos exteriores e esbocem, para cada sujeito, o uso que ele fará de seu corpo objetivo" (FP, 215). O corpo do sujeito normal é habitado por uma percepção mais secreta: ele é habitado por um esquema sexual individual que dá destaque às zonas erógenas e designa uma fisionomia sexual. Na "percepção erótica" um corpo visa outro corpo no interior do mundo natural e humano. Quando essa percepção faz sentido para o corpo vivido, quando há "'compreensão' erótica", é porque "o desejo compreende cegamente, ligando um corpo a um corpo" (FP, 217). É preciso ter cautela ao dizer que a história sexual de um homem ajude a compreender a sua vida. Entretanto, que em seus comportamentos sexuais a pessoa projeta seu modo de ser em relação ao mundo e aos outros homens. Não podemos fazer a história sexual — compreendida como "elaboração de uma forma geral da vida" (FP, 219) —, operar no registro das abstrações tradicionais. Não há nada, na vida de um sujeito normal que não esteja engrenado na sua vida total, aí incluso sua vida genital. A sexualidade nos coloca em contato com uma "intencionalidade que segue o movimento geral da existência e inflete com ela" (FP, 217). Se for preciso dizer que a sexualidade exprime a existência, será preciso acrescentar que ela o faz, realizando-a.

Na *Fenomenologia da percepção*, a linguagem também é considerada como um "gesto", ela é uma forma de comportamento corporal. O mesmo se passa com a significação linguística, ela é um caso particular da intencionalidade corporal; sua característica principal é possuir uma significação emocional, gestual ou existencial que é anterior às significações conceituais. A palavra é uma modulação das condutas do corpo. É o corpo quem fala e exprime. A fala "consuma" um pensamento e, enquanto tal, ela é "uma das modulações, um dos usos possíveis do meu corpo" (FP, 246). Se observada mais de perto, a linguagem tem algo de miraculoso. O problema que ela coloca pode ser resumido assim:

"uma contração da garganta, uma emissão de ar sibilante entre a língua e os dentes, certa maneira de desempenhar de nosso corpo deixam-se repentinamente investir de um *sentido figurado* e significam fora de nós" (FP, 263). Em princípio, a gesticulação fonética se vale das significações já adquiridas e se executa entre outros falantes. Em seguida, se a fala é autêntica, ela faz nascer um sentido novo. Quando alguém apreende e comunica algo, é preciso ver aí mais uma modulação do corpo enquanto veículo do ser-no-mundo. Este comportamento novo que é motivado por certo "panorama comum aos interlocutores" só se concretiza através do corpo e da fala.

Longe de ser um obstáculo à nossa liberdade, o corpo é a própria condição da liberdade. A liberdade do ser humano se "apoia" em seu "envolvimento universal no mundo" (FP, 607). O ser humano pode arrancar-se de suas rotinas habituais para dar-se um futuro novo. As escolhas sempre são feitas a partir de nossas vidas pessoais. Através dessas escolhas construímos nossas vidas. Porém, tais escolhas nunca são provenientes de uma liberdade pura. Elas só aparecem sob um fundo de determinações que não escolhemos e que nosso corpo nos oferece. Longe de destruir nossa situação, a liberdade se engrena nela.

A primeira fase da filosofia de Merleau-Ponty pode muito bem ser circunscrita em torno destes livros — *A estrutura do comportamento* e *Fenomenologia da percepção* — em que o corpo exerce um papel central. Esse papel central é sinônimo do privilégio do corpo próprio sobre o corpo objeto. O corpo próprio é o meio vital da subjetividade, ele é o elemento mediador graças ao qual o sujeito mantém um comércio originário com o mundo, com as coisas, com as outras pessoas e com ele mesmo. Eis aí o corpo habitado. O estatuto desse corpo só é verdadeiramente circunscrito quando apresentamos sua ambiguidade fundamental, a qual constitui um paradoxo fundamental que o conhecimento objetivo não tem categorias para comentar. É ela que nos dá a iniciação ao fenômeno, o qual aparece, desde os primeiros níveis da análise, no interior de um "*a priori* da correlação". Aqui, essa correlação só foi apresentada no nível da experiência do corpo; porém, ela só se realiza plenamente na estrita correlação ou circularidade entre o tempo e a subjetividade. Com o desdobramento de seus projetos, Merleau-Ponty se dá conta de que é preciso mais do que empreender uma mistura entre os extremos. No início dos anos 1950 ele se dedica à investigação da passagem do mundo da percepção para o mundo cultural. É esta vertente que ele desdobra em seu período intermediário. O texto emblemático dessa fase é o livro cuja redação foi interrompida em 1952 e publicado postumamente como o título *A prosa do mundo*. Trata-se, aí, de um prolongamento das teses de seus primeiros livros. Além disso, Merleau-Ponty extrai muitas consequências dos ensinamentos do linguista suíço Ferdinand Saussure (1857-1913). Finalmente, é no último período de sua filosofia que ele retoma as teses de seus dois primeiros livros no sentido de retificá-las, aprofundá-las. Em relação aos seus primeiros trabalhos, o que o filósofo afasta é a correlação entre o corpo e o mundo. Essa correlação deixa de considerar aquilo que escapa a ela, a saber, a natureza ou o ser primordial que não é nem o ser-sujeito, nem o ser-objeto. Essa natureza é aquilo excede a correlação subjetiva. A natureza não está mais inteiramente diante de nós, ela é nosso "solo", é o que "nos sustenta".

## O corpo é a coisa universal

NA ÚLTIMA FASE DE SEU PENSAMENTO e, em particular, no livro póstumo e inacabado de 1964, *O visível e o invisível*, o corpo não recebe mais o papel central de mediador ou de veículo do ser-no-mundo. O corpo não deixa de ser compreendido de modo paradoxal. No início de sua carreira, Merleau-Ponty atribuía uma importância muito grande ao corpo-sujeito, pois, somente nele corpo e alma não se distinguiam. Ao fim de sua vida, ele nos diz que o corpo é ao mesmo tempo e indissociavelmente visível e vidente. Não se trata mais de abordar o corpo como corpo objeto e corpo fenomenal; o corpo abordado nesse registro terminaria por deixar um abismo entre seus dois lados. Doravante, trata-se de abordar aquilo que está entre esses dois lados ou faces do corpo. O que há entre esses dois extremos é a carne, a qual liga o corpo e o mundo de modo indivisível. O corpo está no meio das coisas, é uma coisa entre coisas, mas, além disto, ele é dotado de reflexividade. O corpo é visto como todas as outras coisas do mundo, mas também é vidente, ou seja, um visível que vê. Mais: o corpo se vê vendo... O corpo é um visível que se faz vidente no interior da visibilidade. É neste contexto que a noção de carne é introduzida, ela é uma espécie de "noção última" (VI, 136). Uma vez que o corpo tem um "estofo" comum com o mundo, ele passa a ser interpretado como um ser paradoxal; ele possui "duas faces": por um lado ele é "coisa entre coisas", por outro, ele é "aquilo que as toca e as vê" (VI, 133). O corpo perde seu papel central enquanto portador de todas as condições da experiência e se torna um *"sensível exemplar"* (VI, 132). Dito de outro modo: o corpo torna-se um sensível como todos os outros corpos habitantes do mundo sensível, mas, além disto, é preciso observar que ele é "um sensível no qual se faz uma inscrição de todos os outros, sensível pivô, ao qual participam todos os outros, sensível-chave, sensível dimensional. Meu corpo é, no mais alto grau, aquilo que qualquer coisa é: um *isto dimensional*. É a coisa universal" (VI, 234). O que é uma dimensão? Ela consiste na ideia de que a particularidade e a abertura não se distinguem mais, ou seja, qualquer coisa individual já é uma dimensão. Em relação ao corpo, isto é o mesmo que dizer que ele é simultaneamente visível e vidente, observável e reflexivo.

É este enigma que conduz Merleau-Ponty à afirmação de que já no nível do mundo percebido as cores possuem uma "função ontológica". Agora, é o mundo que se torna apto a representar todas as coisas. Isso significa que a relação entre o corpo e o mundo é relativa à sensibilidade e aos sentidos, e que o interior de um se propaga indefinidamente no outro de maneira reversível. O que está em questão agora é menos a sincronização do corpo com o mundo através do esquema corporal e mais a dimensionalidade do ser. Nesse sentido, as próprias coisas já são dimensões: "cada fato pode ser uma dimensão" (*Signos*, 14); "as cores, os sons, as coisas como as estrelas de Van Gogh, são focos, irradiações do ser" (s, 14). Se as próprias cores são dimensões é porque, por um lado, elas são certa espécie de ser que se impõe como determinada particularidade, por outro, uma abertura, uma dimensão que aparece para mais de uma pessoa, ela deixa de ser particular porque ela é simbólica de uma gama infinita de relações. Cada parte do mundo nos dá certa presença, um ser próximo ou familiar, mas também certa dimensão, uma ausência. No limite, as outras pessoas também aparecem na carne do mundo. Merleau-Ponty insiste no fato de que há um "enrolamento" que atravessa e anima tanto os outros corpos quanto o meu (cf. VI, 137). Ora, "é todo o estofo do mundo que vem junto quando tento apreender-me, e aos outros que são captados nele" (s, 15). As outras pessoas são "meus gêmeos ou carne de minha carne".

Vale a pena desenhar com um pouco mais de nitidez qual o perfil dessa noção de carne. Porém, vamos nos contentar em traçar o perfil desse conceito apenas em relação ao mundo sensível. A carne não é matéria, mas "envelamento do sensível sobre o corpo vidente". Ela também não é contingência, mas "textura que retorna a si e convém a si mesma". O que Merleau-Ponty chama de carne é uma "massa interiormente trabalhada" definida pela noção de reversibilidade, que, ao fim e ao cabo, é uma "verdade última" (VI, 150). Há, portanto, a "carne das coisas" ou a "carne do mundo", a qual deve ser descrita como "segregação, dimensionalidade, continuação, latência, *imbricação*" (VI, 225). A "espessura da carne" é o "meio de comunicação" entre a corporeidade do vidente e a visibilidade da coisa (VI, 132). Quando Merleau-Ponty fala de "carne do visível", trata-se do "paradoxo do Ser". Isto significa que "o ser carnal, como ser das profundezas, de várias camadas ou de várias faces, ser de latência, e apresentação de uma ausência, é um protótipo do Ser, do qual nosso corpo, sensível que sente, é uma variante muito notável" (VI, 132). O filósofo não deixa de notar que não há nome na filosofia tradicional para este ser carnal. Para designá-la Merleau-Ponty emprega "o velho termo 'elemento', no sentido em que é empregado para falar da água, do ar, da terra e do fogo, isto é, no sentido de uma *coisa geral*" (VI, 136). A carne é enigmática, já que possui uma "propriedade primordial": "estando aqui e agora, ela irradia por toda parte e para sempre, sendo indivíduo, é também dimensão universal" (VI, 138). A carne é ao mesmo tempo indivisão e fissão ou segregação. Ela é "indivisão deste Ser sensível que eu sou e de todo o resto que se sente em mim, indivisão prazer-realidade" (VI, 231). Mas é também segregação ou fissão, ou seja, divisão interior ao Ser que não o separa de si mesmo: "o corpo nos une diretamente às coisas por sua própria ontogênese, soldando um ao outro os dois esboços de que é feito, seus dois lábios: a massa sensível que ele é e a massa do sensível de onde nasce por segregação, e à qual, como vidente, permanece aberto" (VI, 132). O enigma do corpo humano não cessa de produzir outros enigmas, e isto porque a estrutura instauradora do sentido que aparece nele é reencontrada em todas as dobras do mundo sensível e do mundo cultural e histórico.

# EPÍLOGO

FOUCAULT:
A HISTÓRIA POLÍTICA DO
CORPO — DISCIPLINA
E REGULAMENTAÇÃO

NÃO PRETENDEMOS APRESENTAR uma conclusão. Prossigamos, antes, com o objetivo de expor eixos para a pesquisa do tema do corpo no interior da história da filosofia. Depois da penetrante abordagem feita pela ciência e pela filosofia moderna, outros discursos sobre o corpo surgiram no mundo contemporâneo. Este Epílogo pretende apenas fazer alusão a um desdobramento filosófico dessa temática que seguramente ainda suscitará muitas pesquisas e descobertas. Apresentemos, então, algumas ideias do filósofo francês contemporâneo Michel Foucault (1926-1984).

Do ponto de vista da problemática do corpo, a obra de Foucault tem muito a nos ensinar. Seu discurso sobre o corpo não oculta o fato de que o próprio corpo sofreu uma substancial dissimulação na história ocidental. Seu interesse é esboçar uma história política do corpo que tem como baliza outras referências. Para apresentar e discutir as ideias de Foucault sobre o corpo é interessante partirmos de um texto chamado "Direito de morte e poder sobre a vida" (último capítulo do primeiro volume da série inacabada chamada *História da sexualidade* escrita entre 1976 e 1984, e que tem como subtítulo *A vontade de saber*). Foucault estuda a questão do corpo tendo em vista os efeitos do poder sobre o corpo. O poder se exerce sobre o corpo em dois procedimentos: na disciplina e na regulamentação. Segundo Foucault, temos aí duas tecnologias do poder que têm entre elas uma defasagem cronológica, mas que não deixam de ser sobrepostas e até mesmo articuladas. Neste último capítulo de *A vontade de saber*, Foucault nos diz que há dois polos em torno dos quais se desenvolveu uma organização do poder sobre o corpo e a vida. Por um lado, a disciplina que instaura uma "*anátomo-política do corpo humano*" e, por outro, uma "série de intervenções e *controles reguladores, uma biopolítica da população*" (VS, 152).

Para compreender o primeiro polo, a disciplina, é indispensável retomar outro texto de Foucault publicado um ano antes, em 1975, cujo título é *Vigiar e punir: nascimento da prisão* e, em particular, algumas ideias dos capítulos intitulados "O corpo dos condenados" e "Os corpos dóceis". Foucault nos apresenta uma história do corpo que passa por registros diferentes dos abordados até agora. Ele chama a atenção para um poder disciplinar que impõe gestos, atitudes, usos, repartições de espaço, cálculos de tempo, modalidades de alojamentos, em suma, tecnologias políticas do corpo. Os sistemas disciplinares ocidentais — as prisões, os orfanatos, os hospitais, os asilos, as escolas, as creches, as fábricas, os quartéis — fazem parte de uma forma social do poder que surgiu no início do século XIX. É verdade que o poder político também se exerce na ideologia que repercute diretamente na consciência das pessoas, mas para Foucault o poder político se exerce, antes, e de modo muito mais material, físico, sutil e radical, sobre os corpos individuais. Para compreender o surgimento dessa forma de poder em que o corpo é tornado dócil e útil, é preciso colocá-la em contraste com a forma de poder precedente que trata o corpo do condenado como o lugar de inscrição dos suplícios, dos castigos, das penas, dos sofrimentos. Em sua narrativa da história do controle social dos corpos, Foucault nos conta que até o século XVIII o corpo dos indivíduos era essencialmente a superfície da inscrição dos suplícios e das penas, pois o corpo era a "única riqueza acessível" que legitimava o poder absoluto do soberano. Nas monarquias do fim da Idade Média, quando um indivíduo transgredia uma lei, ele atingia e transgredia a própria vontade do soberano: a lei era expressão de sua vontade. As cerimônias dos suplícios eram, no limite, um ritual político tão importante quanto o coroamento do rei. O suplício era um ritual mais cotidiano que manifestava a força física e material do soberano em todo o seu esplendor: os gritos de dor e os pedidos de clemência e perdão do criminoso deviam exprimir o poder do soberano. A cerimônia do suplício tinha o corpo do condenado como suporte. Há, aqui, uma polaridade que nos dá um "corpo duplo" (VP, 31): o corpo do rei e o corpo do condenado. Este corpo não deve ser interpretado como metáfora, mas, sim, como uma realidade política; a presença do corpo é fundamental para o funcionamento das monarquias.

Até o fim do século XVIII, o corpo devia ser signo de respeito e devoção, cujos gestos e vestimentas deviam estar de acordo com tais ideais; o corpo também poderia ser objeto de violências e até de morte; enfim, o corpo era passível de imposição de trabalho. Nesse contexto, o sofrimento físico e a dor corporal constituíam a essência das penas e dos castigos, os quais eram vistos como uma "arte das sensações insuportáveis". O corpo que estava em questão era o "corpo real e susceptível de dor" (VP, 18); ele era exposto em um cerimonial de punição física que deveria deixar uma marca corporal sempre acessível à memória daquele que sofreu. O suplício era uma tecnologia de sofrimento corporal. Como, então, passar dessa situação para o poder disciplinar? Essa passagem não se deu em um abrir e fechar dos olhos. Ela se realizou graças a um lento movimento. Para compreender essa passagem dos suplícios cruéis e sanguinolentos (tais como, por exemplo, a roda do suplício, a humilhação pública, a fogueira, o pelourinho, o enforcamento, entre tantos outros), à sociedade disciplinar, é preciso lembrar que os castigos e as punições foram se tornando cada vez mais brandos. Foucault nos diz que "em algumas dezenas de anos, desapareceu o corpo supliciado, esquartejado, amputado, marcado simbolicamente no rosto ou no ombro, exposto vivo ou morto, dado como espetáculo" (VP, 13). Dito de outro modo: "desapareceu o corpo como alvo principal da repressão penal". Assim, no fim do século XVIII e no começo do XIX, se extinguiu este cerimonial do suplício, o qual começou a sensibilizar os juristas preocupados com o respeito pela humanidade que, por sua vez, deve ser interpretada como uma nova economia do poder responsável, doravante, por múltiplas exclusões.

Desde então, apareceram punições cada vez mais brandas, mas não menos persuasivas ou eficazes. Interdição de domicílio, trabalho forçado, reclusão, prisão, deportação, são penas que deveriam ser mais eficazes do que os suplícios: "não tocar mais no corpo, ou o mínimo possível, e para atingir nele algo que não é o corpo propriamente" (VP, 16). Aqui, o corpo aparece, no máximo, como um instrumento ou um intermediário, pois o que se visa é "privar o indivíduo de sua liberdade considerada ao mesmo tempo como um direito e como um bem" (VP, 16). Trata-se, agora, de um gerenciamento dos direitos do condenado que foram suspensos pelo julgamento. O carrasco é substituído por técnicos — guardas, médicos, capelães, psiquiatras, psicólogos, educadores — que tratam do indivíduo à distância, isto é, sem nele tocar. Isto equivale a um "novo tipo de contato" entre o aparelho e o corpo. As novas penas, as disciplinas, tratam não mais do corpo que sente dor, mas do corpo do sujeito jurídico. Através do encarceramento e outras práticas, o que se visa é menos o corpo e mais a alma que foi responsável pelo crime. É verdade que os crimes são julgados enquanto "objetos jurídicos definidos pelos códigos", mas é certo, também, que se julgam paixões, instintos, anomalias, enfermidades, inaptidões, efeitos de meio ambiente e hereditariedade. Foucault nos diz que "punem-se as agressões, mas, por meio delas, as agressividades, as violações, e ao mesmo tempo, as perversões, os assassinatos que são, também, impulsos e desejos" (VP, 22). Portanto, julgam-se ao mesmo tempo o crime e a alma, e isto, para fazer a alma "participar da punição"!

Foucault chama a atenção para o fato de que neste novo sistema penal se julga coisas bem diferentes do que os próprios crimes. A operação penal está, então, carregada de "elementos e personagens extrajurídicos". Não há mais como dissociar a justiça criminal de sua "requalificação pelo saber". O que se deve ler sob a suavidade dos castigos aplicados aos criminosos a partir do início do século XIX é, finalmente, um deslocamento através do qual a prática do poder de punir deve estar correlacionada com um saber, com técnicas e discursos científicos. Foucault insiste que "a entrada da alma no palco da justiça penal, e com ela a inserção na prática judiciária de todo um saber 'científico'" é, na verdade, uma "transformação na maneira como o próprio corpo é investido pelas relações de poder" (VP, 27). O controle social do corpo se desloca, assim, do castigo corporal para a disciplina e para o controle. O que está em questão aqui é a gestão e a reabilitação do corpo pela vigilância com fins de utilidade. É no sentido de um investimento político muito sutil do corpo que Foucault fala de "micropoderes" que exercem poder sobre o corpo. Neste contexto o filósofo se pergunta: "qual é o tipo de investimento do corpo que é necessário e suficiente ao funcionamento de uma sociedade capitalista como a nossa?". A resposta já pode ser antecipada. Não necessitamos de um investimento do corpo pelo poder que seja "denso, rígido, constante, meticuloso". Segundo Foucault, desde as sociedades industriais, e principalmente a partir de 1960, há um "poder muito mais tênue sobre o corpo". Esses micropoderes se exercem no próprio nível do cotidiano; o poder trabalha o corpo de modo a penetrar nos comportamentos, se mistura com os desejos e com os prazeres.

As sociedades ocidentais se preocuparam em desenvolver uma série de técnicas para corrigir e para vigiar os indivíduos em seus comportamentos corporais. Com o advento do sistema punitivo é ainda do corpo que se trata. Esse sistema que usa métodos mais suaves de trancar e de corrigir deve ser situado em uma "'economia política' do corpo", já que o que se visa é o corpo e suas forças, sua utilidade, docilidade, repartição e submissão. Não podemos dissociar o investimento político do corpo — o fato de que as relações de poder "o investem, o marcam, o dirigem, o supliciam, sujeitam-no a trabalhos, obrigam-no a cerimônias, exigem-lhe sinais" — de sua utilização econômica. Aqui, "o corpo só se torna força útil se é ao mesmo tempo corpo produtivo e corpo submisso" (VP, 29). Isto quer dizer que há tanto um "saber" do corpo que não equivale à "ciência de seu funcionamento", quanto um controle das forças corporais que não se preocupa simplesmente em vencê-las. Esse saber e esse controle, Foucault chama de tecnologia política do corpo, a qual é difusa, pois não podemos localizá-la imediatamente em algum tipo definido de instituição ou em um aparelho de Estado. Na verdade, estes "recorrem a ela"; "utilizam-na, valorizam-na ou impõem algumas de suas maneiras de agir" (VP, 29). É por se situar em um "nível completamente diferente" que Foucault a chama de "microfísica do poder", a qual é "posta em jogo pelos aparelhos e instituições, mas cujo campo de validade se coloca de algum modo entre esses grandes funcionamentos e os próprios corpos com sua materialidade e suas forças" (VP, 29). Assim, o investimento político do corpo e a microfísica do poder levam Foucault a falar de uma "'anatomia' política". Essa anatomia política trataria do "corpo político" tomado "como o conjunto dos elementos materiais e das técnicas que servem de armas, de reforço, de vias de comunicação e de pontos de apoio para as relações de poder e de saber que investem os corpos humanos e os submetem fazendo deles objetos de saber" (VP, 31). O objetivo explícito do filósofo é encontrar os estreitos laços entre as técnicas punitivas e a história do corpo político. Através desta anátomo-política do corpo humano, Foucault estuda as estratégias, as táticas e as práticas: tecnologias de poder por intermédio das quais se manipula e modela o corpo, visando uma anatomização dos indivíduos.

Foucault nos diz que um corpo é dócil quando pode ser submetido, utilizado, transformado, aperfeiçoado, exercitado. Como caracterizar este momento histórico das disciplinas? Para exprimir o perfil desta época seria preciso dizer que há nela uma espécie de mecanismo que torna o corpo "tanto mais obediente quanto é mais útil, e inversamente" (VP, 133). Doravante, trabalha-se o corpo, ele é manipulado em todas as suas dimensões. Há toda uma "política de coerções" que faz o corpo entrar em uma "maquinaria de poder que o esquadrinha, desarticula e o recompõe". É preciso admitir, então, que há exploração, por um lado, das forças do corpo "em termos econômicos de utilidade" e, por outro, "em termos políticos de obediência" (VP, 134). De um lado, o corpo deve ser apto e capaz de aumentar suas forças para que elas sejam úteis. De outro, trata-se de tornar o corpo mais fraco, já que é sujeitado. Vale insistir no fato de que há muitas técnicas minuciosas, íntimas, que são importantes. Por quê? "Porque definem certo modo de investimento político e detalhado do corpo, uma nova 'microfísica' do poder; e porque não cessaram, desde o século XVII, de ganhar campos cada vez mais vastos, como se tendessem a cobrir o corpo social inteiro" (VP, 134).

A transformação das penalidades revela uma história das relações entre o poder político e os corpos. Aqui, é possível observar o modo como o poder se exerce sobre o corpo, ou melhor, o modo como ele o fixa e o utiliza. É isto que Foucault chama de microfísica do poder posta em funcionamento pelas instituições e pelos aparelhos punitivos. O corpo foi trabalhado de modo coercitivo e vigilante nos mínimos detalhes (atitudes, movimentos e gestos). "Pequenas astúcias dotadas de um grande poder de difusão, arranjos sutis, de aparência inocente, mas profundamente suspeitos, dispositivos que obedecem a economias inconfessáveis, ou que procuram coerções sem grandeza, são eles, entretanto, que levaram à mutação do regime punitivo, no limiar da época contemporânea" (VP, 134). O controle do corpo através dos "exercícios" tem como objetivo o controle de sua economia corporal, a qual deve tornar o corpo eficaz. É esse meticuloso controle corporal que revela uma vigilância incansável das atividades. Eis aí os corpos dóceis, os quais devem ser compreendidos como submissos e úteis. Tais corpos só se tornam úteis sob a pressão da disciplina detalhadamente aplicada com o objetivo de controle e vigilância. O que é a disciplina? "A disciplina é uma anatomia política do detalhe" (VP, 134). As análises de Foucault colocam em estreita relação a "observação minuciosa do detalhe", o "enfoque político dessas pequenas coisas para controle e utilização dos homens", e um "conjunto de técnicas, todo um corpo de processos e de saber, de descrições, de receitas e dados": "desses esmiuçamentos, sem dúvida, nasceu o homem do humanismo moderno" (VP, 136).

No interior da filosofia de Foucault o corpo ainda deve ser analisado a partir do segundo polo de tomada de poder ou de administração, a biopolítica. Para isto, retornemos ao último capítulo de *Vontade de saber*. Foucault mostra que o poder soberano dizia respeito ao "direito de vida e morte" do condenado. Mas há uma transformação no mundo ocidental dos mecanismos de poder que substituiu o poder do soberano que imperou no século XVII e XVIII — "direito de *causar* a morte ou de *deixar* viver" — pelo poder de "*causar* a vida ou *devolver* à morte" (VS, 150). Temos, assim, o outro ramo das tecnologias do poder que surgiu um pouco mais tarde, na segunda metade do século XVIII. Não se trata mais de investimentos de poder sobre o corpo do indivíduo, mas de gerir a população, ou melhor, de regulá-la segundo critérios demográficos e de circulação de riquezas, por exemplo. Não se trata mais de estudar as disciplinas enquanto "métodos que permitem o controle minucioso das operações do corpo, que realizam a sujeição constante de suas forças e lhes impõem uma relação de docilidade-utilidade" (vp, 133). Não se trata, também, de considerar simplesmente um grupo humano numeroso. O que está em jogo, agora, são os seres vivos, os quais são, no limite, atravessados e comandados por leis e processos biológicos. Em um curso ministrado em 1976 intitulado *Em defesa da sociedade*, Foucault chama a atenção para o surgimento de algo novo, a saber, uma tecnologia de poder que não é propriamente disciplinar. O biopoder é uma "nova técnica" que não exclui a disciplina, e isto, simplesmente porque ela se dá em outro "nível" ou "escala", tem outra "superfície de suporte e é auxiliada por instrumentos totalmente diferentes" (ds, 289). Enquanto a disciplina se aplica sobre o homem-corpo, o biopoder se dirige ao homem vivo, ou melhor, ao homem enquanto ser vivo, ou antes, ao homem-espécie, o qual deve ser tratado com uma "'biopolítica' da espécie humana".

Trata-se de uma nova tecnologia que se instala e se dirige à "massa global, afetada por processos de conjunto que são próprios da vida". Que processos são esses? São conjuntos de processos tais como natalidade, óbitos, morte, produção, doença, longevidade, taxas de reprodução, fecundidade da população, entre tantos outros. Todos esses processos não podem estar separados de vários problemas econômicos e políticos. Vale acrescentar que é no interior do liberalismo enquanto regime político que opera o biopoder. Aqui, o liberalismo deve ser interpretado como um sistema de liberdade vigiada, de controle da vida no interior da economia política. Agora, além do nível individualizante do poder, é preciso ressaltar seu caráter massificante. A biopolítica é o regime de poder no qual vemos aparecer instituições de assistência e "mecanismos mais sutis, mais racionais, de seguros, de poupança individual e coletiva, de seguridade, etc." (DS, 291). A biopolítica extrai seu saber e define seu campo de intervenção precisamente dessas práticas. O biopoder se define com o crescimento das ciências que abordam as populações, a higiene pública, a pedagogia, enfim, todas as ciências que encontram um ponto de apoio nos corpos e na vida, com o objetivo de submetê-los às normas e às exigências produzidas pelos saberes.

Foucault insiste no fato de que, em contraste com o corpo do indivíduo, temos um "novo corpo": "corpo múltiplo, corpo com inúmeras cabeças, se não infinito pelo menos necessariamente numerável" (DS, 292). Esse novo corpo com o qual a biopolítica trabalha é, na verdade, a população. A especificidade destes "fenômenos coletivos" deve ser buscada no nível das massas, a qual é considerada no interior de uma rede temporal em que os fenômenos são de série. Os mecanismos postos em obra no registro da biopolítica são de previsões, estimativas estatísticas e medições globais. É verdade que tais mecanismos são destinados, assim como as disciplinas, a "maximizar forças e extraí-las". Porém, a biopolítica trilha outros caminhos. Ao contrário de se deter no nível do detalhe, a biopolítica, "mediante mecanismos globais", age de tal maneira que se obtêm "estados globais de equilíbrio, de regularidade". Ao realizar a tarefa de gerenciar a vida, este poder político de caráter contínuo e científico é poder de "fazer viver". A biopolítica está situada em um "nível novo". "Se o genocídio é, de fato, o sonho dos poderes modernos, não é por uma volta, atualmente, ao velho direito de matar; mas é porque o poder se situa e exerce ao nível da vida, da espécie, da raça, e dos fenômenos maciços de população" (VS, 149).

As consequências da instalação deste biopoder trouxeram transformações que não podem deixar de ser lembradas. Foucault chama a atenção para um "novo modo de relação entre a história e a vida". Aqui, a vida aparece em uma dupla posição: por um lado, situada fora da história, já que carregada de "imediações biológicas" e, por outro, a vida se situa dentro da historicidade humana, "infiltrada pelas suas técnicas de saber e de poder". Outra consequência deve ser buscada na "proliferação das tecnologias políticas que, a partir de então, vão investir sobre o corpo, a saúde, as maneiras de alimentar e de morar, as condições de vida, todo o espaço da existência" (VS, 156). Enfim, não devemos deixar de notar uma última consequência do biopoder: "a importância crescente assumida pela atuação da norma".

No contexto do gerenciamento da vida, o poder se vale de mecanismos que visam à qualificação, à medida, à avaliação, à hierarquização da própria vida. O que significa dizer que vivemos no interior de uma "sociedade normalizadora", isto é, que "opera distribuições em torno da norma". Essa é a razão pela qual as instituições jurídicas se integram a aparelhos que têm como função a regulação, o controle, a modificação.

Doravante, o estudo sobre as tecnologias do corpo deve ser colocado em relação à disciplina dos corpos e ao controle das populações, ou seja, uma tecnologia que manipula, vigia, treina e torna os corpos úteis e dóceis, e uma tecnologia "previdenciária ou reguladora". Na primeira, "o corpo é individualizado como organismo dotado de capacidades"; na segunda, "os corpos são recolocados nos processos biológicos de conjunto" (DS, 297). Eis aí as "duas séries" de tecnologias do corpo de que fala a filosofia de Foucault: "a série corpo — organismo — disciplina — instituições; e a série população — processos biológicos — mecanismos regulamentadores — Estado" (DS, 298). Se fosse o caso de abordar o ponto que articula esses dois conjuntos de mecanismos, seria preciso analisar o dispositivo da sexualidade, entendendo por dispositivo a articulação de relações de saber e de relações de poder. Na junção, na encruzilhada do corpo e da população, "o sexo tornou-se o alvo central de um poder que se organiza em torno da gestão da vida, mais do que da ameaça da morte" (VS, 160).

Porém, uma questão permanece: como resistir a este esmagador investimento político dos corpos? Estaríamos condenados a uma determinação radical em que não haveria mais lugar nem mesmo para lutas e resistências? É verdade que há uma astúcia do poder que consiste, precisamente, em ocultar sua verdadeira face. O verdadeiro poder não se exerce na lei ou na repressão, mas sobre a sexualidade. O que levantar contra esse poder? Foucault nos diz que "contra esse poder ainda novo no século XIX, as forças que resistem se apoiaram exatamente naquilo sobre que ele investe — isto é, na vida e no homem enquanto ser vivo" (VS, 157). Se quisermos saber de onde deve vir a resistência, será preciso prestar muita atenção sobre o que exerce o poder, pois é justamente daí que deverá nascer a resistência ao poder. "As grandes lutas que põem em questão o sistema geral de poder" não são feitas em nome de direitos. No interior dessas grandes lutas, o que era reivindicado e servia de objetivo era a própria vida. Pouco importa a Foucault que isto seja uma utopia. Afinal, "temos aí um processo bem real de luta; a vida como objeto político foi de algum modo tomada ao pé da letra e voltada contra o sistema que tentava controlá-la". E o filósofo acrescenta: "foi a vida, muito mais do que o direito, que se tornou o objeto das lutas políticas, ainda que estas últimas se formulem através de afirmações de direito" (VS, 158). É verdade que no interior da filosofia de Michel Foucault o corpo aparece como passivo, mas é verdade, também, que é de seu próprio interior que devem nascer as lutas e a resistência ao poder. Finalmente, contra os dispositivos de captação do poder da cultura ocidental é preciso "opor os corpos, os prazeres, os saberes, em sua multiplicidade e sua possibilidade de resistência" (VS, 171).

# DELEUZE:
## O CORPO SEM ÓRGÃOS

PARA TERMINAR, SERIA INTERESSANTE apontar para as reflexões extremamente inovadoras dos filósofos franceses contemporâneos Gilles Deleuze (1925-1995) e Félix Guattari (1930-1992). Suas reflexões não estão muito distantes da filosofia de Foucault. Ficaremos satisfeitos se o leitor aceitar algumas sugestões de leitura que proporcionariam um desdobramento muito valioso a propósito da noção de corpo. Deleuze e Guattari retomam a noção de "corpo sem órgãos" tal como ela surge das páginas do poeta e dramaturgo Antonin Artaud (1896-1948). Para aprofundamento desta discussão indicamos três textos fundamentais: o capítulo "As máquinas desejantes" do livro *O anti-Édipo* (1972); o capítulo intitulado "28 de Novembro de 1947 — Como criar para si um corpo sem órgãos" do livro *Mil platôs* (1980) e, finalmente, o capítulo "A histeria" do livro sobre o pintor *Francis Bacon: lógica da sensação* (1981). Por hora, basta a indicação de que a noção de corpo sem órgãos implica a constituição de um corpo intensivo. Ora, se aqui o corpo não tem mais órgãos, é porque se trata, no limite, de detectar "níveis", "zonas de intensidades", "fluxos"... Como caracterizar o corpo sem órgãos? Em *Mil platôs* Deleuze nos diz que devemos tratá-lo "como o ovo pleno anterior à extensão do organismo e à organização dos órgãos, antes da formação dos estratos, o ovo intenso que se define por eixos e vetores, gradientes e limiares, tendências dinâmicas com mutação de energia, movimento cinemático com deslocamento de grupos, migrações, tudo isso independente das *formas acessórias*, pois os órgãos somente aparecem e funcionam aqui como intensidades puras".

ENSAIANDO LEITURAS

1. O organismo (Goldstein)

A teoria [do funcionamento do organismo] é baseada na ideia de que o sistema nervoso, não só dos invertebrados, mas também dos vertebrados, o homem aí compreendido, é uma *rede* intercalada por lugares de *células ganglionares* e que está em relação com o mundo exterior pelos órgãos dos sentidos e pelas partes móveis do corpo. Esta rede representa um *aparelho que funciona sempre como um todo*. Nesta rede se produzem os fenômenos de excitação aos quais as operações estão ligadas de uma maneira, é verdade, ainda bem mal conhecida (Kurt Goldstein. *La structure de l'organisme. Introduction à la biologie à partir de la pathologie humaine*. Prefácio de Pierre Fédida. Tradução de E. Burckhardt e Jean Kuntz. Paris: Gallimard, 1983, p. 88. Tradução para o português de Leandro Neves Cardim.).

Herdeiro tanto da psicologia da forma quanto da fenomenologia, o trabalho do médico alemão Kurt Goldstein (1878-1965) foi e continua sendo de fundamental importância. Em princípio, o contexto no qual sua obra se situa deve ser delineado a partir de suas próprias investigações e observações clínicas, as quais giram em torno de combatentes da I Guerra Mundial (uma parte significativa de sua obra trata de problemas decorrentes, nestes pacientes de guerra, de distúrbios da linguagem). Para Goldstein, não podemos reduzir os sintomas às partes do organismo que sofreram lesões; é preciso compreender que todo o organismo é afetado. Como diz Pierre Fédida no Prefácio ao livro de Goldstein, "o sintoma não é uma expressão concomitante da doença cujo interesse seria residual: ele é aquilo a partir do qual se compreende concretamente um comportamento e, disto, se engaja uma conduta terapêutica em função do organismo como um todo. Para Goldstein, na clínica exige-se atenção aos menores detalhes sintomáticos, porque isto dá acesso a uma compreensão interna de um organismo vivo em debate consigo mesmo e em diálogo com seu meio". Depreende-se daí não só a importância de seus próprios trabalhos, não só a relevância de suas aquisições positivas enquanto médico clínico. Seus trabalhos revelam uma importantíssima relação entre as ciências e a filosofia que deve ser procurada, sobretudo, no modo como o autor reencontra os problemas da totalidade ou do sentido do comportamento orgânico no interior da experiência concreta. Neste trecho de seu livro publicado na Alemanha em 1934, trata-se de pôr em relevo o fato de que devemos compreender o organismo em funcionamento tomando por base a ideia de que o sistema nervoso funciona em uma espécie de rede, ou antes, como um todo que se articula em membros, órgãos e sistemas de órgãos. A consequência imediata dessa tese é a ultrapassagem do modelo explicativo causal. Este todo que é o organismo não é composto por justaposição e soma das partes do corpo (a teoria tradicional dos reflexos divide o comportamento em fenômenos pontuais). Para Goldstein, quando há ação é porque todo o organismo foi posto em funcionamento. Não é uma parte do organismo que age, mas o organismo como um todo, no qual uma parte modifica outra. O que significa que os processos parciais do organismo são regulados pelo todo, donde ser possível reconhecer uma relação entre as partes e o todo, ou melhor, entre a figura e o fundo tal como ensina a teoria da forma (figura e fundo entretêm um envolvimento e uma determinação recíproca). Para que um movimento parcial ou de figura se produza, é necessário que ele se forme sobre um fundo. Assim, tanto o funcionamento do sistema nervoso quanto o funcionamento do organismo não podem estar separados de sua relação com o meio ambiente. Há, então, para os organismos, posturas ou atitudes privilegiadas em função do sentimento de comodidade e facilidade de se adotar tais comportamentos. Não se trata de negar que tais tipos de atividades privilegiadas variem de um organismo para outro. Também não se trata de reconhecer nesses comportamentos privilegiados do organismo atitudes que seriam superpostas a fenômenos parciais, orientando-os, assim, de fora do próprio organismo. Partindo sempre de fatos particulares, Goldstein procura fatos essenciais para o organismo em questão, isto é, ele investiga motivações em que se manifesta a tendência que possui o organismo de orientar-se em função de comportamentos privilegiados que exprimem constantes que serão analisadas pelo estudioso. Para abordar o fenômeno do organismo a partir de sua estrutura própria é preciso nos situar em um plano diferente dos simples fatos particulares; afinal, o todo do organismo é uma ideia que nos ensina por que em um caso concreto, e segundo a estrutura que lhe é própria, o organismo se comporta de um modo e não de outro. O funcionamento do organismo é regulado por uma norma que não pode ser estabelecida sem uma estreita relação com o ambiente, o que é o mesmo que dizer que tal norma é, sim, o sentido comum que se instaura nessa relação. Aqui, o organismo e o meio ambiente são dois aspectos que não podem faltar. Mas também não se trata de dizer que o funcionamento do organismo se resume na consideração isolada, alternada ou justaposta tanto do organismo quanto do meio. Uma vez que o organismo não é nem coisa, nem ideia, resta que a vida que nele se encarna não pode ser interpretada nos moldes do pensamento tradicional, já que, doravante, será preciso levar em consideração a noção de totalidade e a articulação das partes no interior da experiência concreta. O pensamento deste autor abre novos ramos de investigações teóricas não a partir de ideias desencarnadas, mas no próprio contato com os fatos abordados e, fazendo isto, Goldstein exige de nós uma nova posição em relação, por exemplo, àquilo que é a natureza do organismo e da vida.

2. O esquema corporal (Schilder)

> A imagem do corpo humano é a imagem de nosso próprio corpo que formamos em nosso espírito, ou melhor, a maneira na qual nosso corpo aparece a nós mesmos. [...] O esquema corporal é a imagem tridimensional que cada um tem de si mesmo. Podemos também chamá-la de "imagem do corpo", termo apropriado para mostrar que há aqui outra coisa que sensação pura e simples, e outra coisa que imaginação: um "aparecer" a si mesmo do corpo; termo que indica também que, ainda que passando pelos sentidos, não é pura percepção; e, se bem que contendo imagens mentais e representações, não é pura representação (Paul Shilder. *L'image du corps. Étude des forces constructives de la psyché*. Tradução do inglês e prefácio de François Gantheret. Paris: Gallimard, 1968, p. 35. Tradução para o português de Leandro Neves Cardim.).

A obra do austríaco Paul Schilder (1886-1940) também foi influenciada pela psicologia da forma e pela fenomenologia, mas também pela neurologia e pela psicanálise (Schilder foi convidado por Freud em 1920 para pronunciar uma palestra na Sociedade de Psicanálise de Viena). Os trabalhos de Schilder são pioneiros no trato destes conceitos que, no interior de sua obra, são relativamente intercambiáveis: imagem do corpo, esquema corporal, imagem postural, gnose corporal, representação do corpo próprio... Nos dias de hoje, e, sobretudo, sob a influência dos trabalhos psicanalíticos, há relativa diferença entre as noções de imagem inconsciente do corpo e esquema corporal. Psicanalistas como Jaques Lacan, Françoise Dolto, Gisela Pankow contribuíram para esta pesquisa ao estabelecer diferenças entre estas noções. Trata-se de frisar que a imagem inconsciente do corpo é particular a cada indivíduo e lhe oferece uma base estável e constante. Ela se forma nos três primeiros anos de vida, não pode ser separada dos estados libidinais, é inconsciente e exige participação do analista para se desvelar, está estreitamente relacionada com o desejo, a linguagem e a relação afetiva com outrem. Já o esquema corporal deve ser compreendido como comum a todos, é um dado neurofisiológico, é um fato que diz respeito à realidade instantânea do corpo orgânico, se apresenta na esfera da consciência, está relacionado com o aprendizado motor e proporciona uma estabilidade espaço-temporal graças à qual o sujeito protege seu corpo. Do ponto de vista de Schilder, trata-se de perseguir incansavelmente "uma articulação entre o biológico, o psicológico e o social" (cf. Gantheret, Prefácio). Aqui, os materiais são fornecidos pela base biológica, a libido estrutura e dá significação a esses materiais e, finalmente, há uma interação social das imagens corporais e dos corpos. Para nós, trata-se de frisar que a noção de esquema corporal designa a imagem tridimensional que o sujeito corporal tem de si mesmo. Se assim for, é preciso compreender que o esquema corporal exprime uma maneira do corpo se referir ao mundo no interior da percepção e da ação ou da práxis. Porém, não se trata de reduzi-lo à pura percepção e à pura representação, ainda que tal noção passe pelos sentidos e pelas imagens mentais e representações. Schilder se recusa a separar as atividades orgânicas e espirituais; afinal, há, aqui, formas ou configurações em constantes evoluções (lembremos que, nas formas, matéria e forma não são separáveis e devem sempre andar juntas; não podemos separar forma e conteúdo assim como não podemos separar, no interior da percepção, sujeito e objeto, os quais são pontos de vista que variam segundo o referencial). Se o esquema corporal não é pura e simples percepção e representação, é porque ele faz intervir dados visuais, posturais e táteis que se modificam reciprocamente, ele é sinestésico, pois se encontra no cruzamento do psíquico e do orgânico (lembremos, ainda, que a defasagem que pode se instaurar entre o corpo objetivo e a imagem que temos dele pode desencadear processos patológicos). Seja como for, é fundamental que insistamos no fato de que o esquema corporal se constitui em um processo ativo em um contato com o próprio mundo sensível, pois, como diz Schilder, "é somente pelos movimentos e pelos contatos repetidos com o mundo exterior que nós aperfeiçoamos o conhecimento que temos de nosso corpo". Portanto, espírito e corpo estão ligados por laços espaços-temporais. Se assim não fosse, não compreenderíamos o fato de que podemos integrar objetos exteriores e hábitos ao nosso esquema corporal, assim como não seria possível entender certas patologias. O esquema corporal faz com que o corpo tome posse e se propague no espaço, ou seja, no mundo tridimensional habitado pelo corpo, logo, um espaço diferente daquele que o físico conhece. Mas o sujeito não se engaja no mundo somente através do espaço, há ainda a dimensão temporal. Se o esquema corporal não é uma simples adaptação dos dados da experiência, é porque ele fornece as próprias condições da experiência. Sem a estrutura temporal do corpo, não seria possível compreender que há uma relação estreita existente entre o esquema corporal e o tempo da existência. Por fim, vale sublinhar, na esteira de Merleau-Ponty, que a noção de esquema corporal sofreu várias inflexões teóricas: primeiramente, ela foi compreendida como um resumo de nossa experiência corporal que seria capaz de definir o estado do corpo em um dado instante por uma espécie de associação rigorosa. Em seguida, o esquema corporal passou a ser, sob influência da psicologia da forma, uma tomada de consciência global da postura do sujeito no mundo intersensorial. Enfim, se essa forma não é um mosaico é porque se trata, aí, de um novo tipo de existência. Concebida para exprimir a relação ou a referência das partes do corpo entre si, essa noção nos conduz do associacionismo à psicologia da forma, na qual o corpo é um todo anterior às partes. O esquema corporal não é uma coisa (um simples decalque), nem uma consciência global das partes existentes do corpo. Essa noção exprime uma relação profunda do corpo com o mundo, em que o corpo tem poder sobre o mundo e é extremamente sensível às suas variações (espécie de sistema de equivalências presente na experiência). Estes pensamentos em torno do esquema corporal terminam por fazer do corpo o lugar de uma práxis em que se estabelece uma relação de ser entre o corpo e o mundo.

## 3. O corpo reflexionante (Merleau-Ponty)

Se posso apalpar com a mão esquerda a minha mão direita enquanto ela toca um objeto, a mão direita-objeto não é a mão direita que toca: a primeira é um entrelaçamento de ossos, de músculos e de carne largado em um ponto do espaço, a segunda atravessa o espaço como um foguete para ir revelar o objeto exterior no seu lugar. Embora veja ou toque o mundo, meu corpo não pode no entanto ser visto ou tocado. O que o impede de ser alguma vez objeto, de estar alguma vez "completamente constituído" [Husserl], é o fato de ele ser aquilo por que existem objetos. Ele não é nem tangível nem visível na medida em que é aquilo que vê e aquilo que toca. Portanto, o corpo não é qualquer um dos objetos exteriores, que apenas apresentaria esta particularidade de estar sempre aqui. Se ele é permanente, trata-se de uma permanência absoluta que serve de fundo à permanência relativa dos objetos que podem entrar em eclipse, dos verdadeiros objetos. [...] A permanência do corpo próprio, se a psicologia clássica a tivesse analisado, podia conduzi-la ao corpo não mais como objeto do mundo, mas como meio de nossa comunicação com ele, ao mundo não mais como soma de objetos determinados, mas como horizonte latente de nossa experiência, presente sem cessar, ele também, antes de todo pensamento determinando. [...] Quando toco minha mão direita com a mão esquerda, o objeto mão direita tem esta singular propriedade de sentir, ele também. Vimos a pouco que as duas mãos nunca são ao mesmo tempo tocadas e tocantes uma em relação à outra. Quando pressiono minhas mãos uma contra a outra, não se trata então de duas sensações que eu sentiria em conjunto, como se percebem dois objetos justapostos, mas de uma organização ambígua em que as duas mãos podem alternar-se em função de "tocante" e de "tocada". Ao falar de 'sensações duplas' queria-se dizer que, na passagem de uma função à outra, posso reconhecer a mão tocada como a mesma que dentro em breve será tocante — neste pacote de ossos e de músculos que minha mão direita é para minha mão esquerda, adivinho em um instante o invólucro ou a encarnação desta outra mão direita, ágil e viva, que se lança em direção aos objetos para explorá-los. O corpo surpreende-se a si mesmo do exterior prestes a exercer uma função de conhecimento, ele tenta tocar-se tocando, ele esboça "um tipo de reflexão" [Husserl], e bastaria isso para distingui-lo dos objetos, dos quais posso dizer que "tocam" meu corpo, mas apenas quando ele está inerte, e portanto sem que eles o surpreendam em sua função exploradora (Maurice Merleau-Ponty. *Fenomenologia da percepção*. Tradução de Carlos Alberto Ribeiro de Moura. São Paulo: Martins Fontes, 1996, p.135-137).

Este trecho de Merleau-Ponty exprime uma das mais radicais aquisições desse filósofo em contraste com todo o pensamento da tradição ocidental, a saber, não há reflexão completa e a reflexividade não é propriedade da consciência, mas do corpo que, agora, é corpo reflexivo, ou antes, é corpo cognocente. Herdeiro do pensamento de Husserl, de Heidegger, de Sartre, mas também da psicologia da forma, das artes e das ciências modernas, Merleau-Ponty situa suas análises aquém da alternativa tradicional do objeto e da consciência. No início de sua carreira, ele se vale das aquisições da psicologia da forma e afirma que o corpo não é um objeto físico no qual a compreensão mecânica impera, ele não é um amontoado ou entrelaçamento de ossos, músculos, nervos todos exteriores uns aos outros. O modo de ser do corpo não é o de uma simples coisa que pode ser decomponível em elementos. Mas o corpo também não é um puro sujeito que seria um espírito absoluto e para o qual o conhecimento não teria um ponto de vista, ou seja, uma pura presença a si sem uma inerência história e material. Se a realidade do corpo não é nem a da coisa e nem a da consciência, é porque ele tem um modo de organização ambíguo. Nem inteiramente exterior, nem completamente interior, o corpo possui um modo de existência ambíguo, pois ele está inscrito na natureza (ele possui uma inerência vital), mas também possui uma intenção ou uma função de conhecimento. Para compreender a experiência do corpo próprio não podemos passar por cima deste momento crítico inicial: é preciso afastar os vícios do movimento reflexivo tradicional que destaca o objeto do sujeito e o sujeito do objeto. A tese fundamental que deve ser ressaltada aqui é, portanto, a de que o corpo precisa ser abordado em sua função exploradora ou estruturante da experiência no momento em que ele esboça um tipo de reflexão (a este propósito conferir, de Husserl, §44 da Quinta Meditação do livro *Meditações cartesianas*). É esta espécie de reflexão que a experiência da mão tocante e da mão tocada nos ensina. De início, ela revela o fato de que o corpo não constitui um objeto completamente, assim como a visão não é plena, e isto porque o corpo é aquilo através do qual tudo o mais existe. O corpo próprio é distinto de todos os outros objetos porque é, ao mesmo tempo, um corpo que sou e um corpo que tenho. Assim, em primeiro lugar, é preciso chamar a atenção para o fato de que a mão instaura um paradoxo vivo: as duas mãos nunca são ao mesmo tempo tocadas e tocantes uma em relação a outra, ou melhor, a mão não pode ser simultaneamente mão-objeto e mão-sujeito. Isto acontece graças ao desvio existente entre o tocante e o tocado, e graças ao fato de que enquanto tocado, o corpo pode ser tocante-tocado. Trata-se, então, de interpretar este fenômeno fora dos marcos tradicionais da consciência. Devemos encontrar o sentido deste fenômeno no interior das próprias coordenadas perceptivas. Compreendido como sistema motor e perceptivo, nó de significações vivas, potência simbólica e relação com o ausente, o corpo une os opostos sem que haja, entre eles, absoluta coincidência. O sentido da experiência em questão (a mão direita toca um objeto e ao mesmo tempo é tocada pela mão esquerda) está no desdobramento que a própria mão opera, pois ela se torna mão tocada e mão tocante, mas, atenção, não ao mesmo tempo. Ao contrário, não compreenderíamos que uma mesma mão pode ser tocante e tocada ou que possa inverter os papéis. Portanto, em segundo lugar, é preciso sublinhar que o fato de as duas mãos se tocarem revela que se elas não são tocantes ao mesmo tempo é porque elas podem alternar-se em função de tocante e tocada, ou seja, a mão tocante passa a ser tocada e vice-versa. Há, então, na experiência do tato, uma diferença, um desvio e não identidade entre o tocante e o tocado; diferença que, por sua vez, deve ser situada no interior do espaço e do tempo. Acrescentemos que quando uma mão toca a outra mão, esta mão tocada, relativamente inerte, exerce papel de objeto, enquanto a mão móvel viva e ágil faz papel de sujeito. O que deve ser notado, aqui, é a estreitíssima relação entre passividade e atividade. Assim, as sensações duplas de que fala o filósofo só podem nos ajudar a compreender a experiência do tato se não houver justaposição entre elas e, sim, uma espécie de reflexão do corpo sobre si mesmo que nos dá, precisamente, a especificidade do corpo: tal reflexão será bem compreendida se, com uma lente de aumento, nos aproximarmos ao máximo do momento em que há a passagem de uma função a outra, momento em que o sujeito perceptivo reconhece que a mão que está sendo tocada dentre em breve será tocante. O corpo humano pode, então, voltar-se sobre si mesmo e experimentar-se enquanto corpo que sente. É neste sentido que o corpo pode se surpreender do exterior em sua função exploradora: quando o corpo tenta tocar-se tocando se instaura, aí, um tipo de reflexão que não é a da consciência, mas que ainda assim exerce uma função de conhecimento, a qual revela a especificidade última do corpo próprio. Digamos, enfim, que no último período da filosofia de Merleau-Ponty há uma radicalização dessa tese na direção da filosofia da carne. Se assim for, trata-se de notar em que sentido a reflexão própria ao corpo passa a ser propriedade do mundo sensível. A indivisão existente entre a carne do mundo e a carne do corpo será dinamizada, agora, pelo recruzamento ou pela reversibilidade que se dá entre o corpo e o mundo. Se o corpo não tem mais o privilégio de mediador da experiência, é porque ele não tem mais privilégio do que nenhuma outra coisa do mundo, ele é um sensível exemplar. Se a mão direita toca a esquerda em seu ato de exploração dos objetos, ela a reconhece ou a toca como tocante, a mão direita reconhece na esquerda uma coisa que sente. O que significa que as coisas estão incorporadas na carne do corpo, enquanto o próprio corpo nos lança no universo das coisas. Assim, em seus últimos escritos, Merleau-Ponty interroga a pré-constituição e a pré-possessão do mundo visível pela "apalpação tátil em que o interrogante e o interrogado estão muito próximos". No capítulo intitulado "O entrelaço — o quiasma" de *O visível e o invisível*, o filósofo se pergunta de onde vem que damos a nossas mãos "este grau, esta velocidade e esta direção do movimento, que são capazes de me fazer sentir as texturas do liso e do rugoso". Para Merleau-Ponty, há imbricação e encadeamento não só entre o tocante e o tocado, mas também entre o tocante e o tangível. Aqui, se instaura uma relação fundamental entre o dentro e o fora do corpo, ou antes, entre o espaço corporal que pertence à mão que toca e o mundo exterior tangível da outra mão ou das coisas. "É preciso que entre a exploração e o que ela me ensina, entre meus movimentos e o que toco, exista alguma relação de princípio, algum parentesco, segundo o qual [há] [...] iniciação e abertura a um mundo tátil. Isto só pode acontecer se, ao mesmo tempo em que sentida de dentro, minha mão é também acessível de fora, ela mesma tangível, por exemplo, para minha outra mão, se ela toma lugar entre as coisas que ela toca, é em certo sentido uma delas, abre enfim sobre um ser tangível do qual ela faz parte. Por este recruzamento nela do tocante e do tangível, seus movimentos próprios se incorporam ao universo que interrogam, são reportados ao mesmo mapa que ele; os dois sistemas se aplicam um sobre o outro como as duas metades de uma laranja". Resta que, aqui também, não pode haver coincidência do tocante e do tangível. Há, enfim, no tocar "três experiências distintas que se subtendem, três dimensões que se recortam, e que, todavia, são distintas": "um tocar do liso e do rugoso, um tocar das coisas — um sentimento passivo do corpo e de seu espaço —, e enfim um verdadeiro tocar do tocar, quando minha mão direita toca minha mão esquerda apalpando as coisas, pelo qual o 'sujeito que toca' passa ao nível do tocado, descendo às coisas, de modo que o tocar se faz no meio do mundo e como que nas próprias coisas".

## 4. O corpo sem órgãos (Deleuze)

Para além do organismo, mas também como limite do corpo vivido, há o que Artaud descobriu e nomeou: corpo sem órgãos. "O corpo é o corpo/ Ele está sozinho/ E não precisa de órgãos/ O corpo nunca é um organismo/ Os organismos são os inimigos do corpo" [Artaud]. O corpo sem órgãos se opõe menos aos órgãos do que à organização dos órgãos que se chama organismo. É um corpo intenso, intensivo. Ele é percorrido por uma onda que traça no corpo níveis ou limiares segundo as variações de sua amplitude. O corpo, portanto, não tem órgãos, mas limiares ou níveis. [...] Sabe-se que o ovo apresenta esse estado de corpo "antes" da representação orgânica: eixos e vetores, gradientes, zonas, movimentos cinemáticos e tendências dinâmicas em relação aos quais as formas são contingentes ou acessórias. "Sem boca. Sem língua. Sem dentes. Sem laringe. Sem esôfago. Sem estômago. Sem ventre. Sem ânus." Toda uma vida não orgânica, pois o organismo não é a vida, ele a aprisiona. O corpo é inteiramente vivo e, entretanto, não orgânico. [...] Não faltam órgãos ao corpo sem órgãos, falta-lhe apenas organismo, quer dizer, organização dos órgãos. O corpo sem órgãos se define, portanto, como *um órgão indeterminado*, enquanto o organismo se define como órgãos determinados. [...] Em suma, o corpo sem órgãos não se define pela ausência de órgãos, não se define apenas pela existência de um órgão indeterminado;

ele se define, enfim, pela *presença temporária e provisória* dos órgãos determinados (Gilles Deleuze. *Francis Bacon: lógica da sensação*. Equipe de tradução, Roberto Machado (coordenador) et alii. Rio de Janeiro: Jorge Zahar, 2007, pp. 51, 52, 54).

Com o corpo sem órgãos (CsO), Gilles Deleuze e Felix Guattari propõem uma definição intensiva do corpo, ou melhor, trata-se de abordar o corpo não na região das formas constituídas, mas em um plano de forças ou energias em vir-a-ser. É verdade que o CsO sofreu várias inflexões no interior da obra deleuze-guattariana, mas desde a *Lógica do sentido* (1969), passando pelo livro *O anti-Édipo* (1972), com o CsO já está em questão tanto uma crítica radical do corpo concebido sob o modelo da organização quanto uma crítica política onde os modelos de centralização do poder são criticados por terem como base as noções de organismo e organização. Em *Mil platôs* (1980), o capítulo que aborda este tema tem um perfil ainda mais prático, já que se trata de saber "como criar para si um corpo sem órgão". É no interior desta trajetória que surge o livro *Francis Bacon: lógica da sensação* (1981). Para compreender o CsO é preciso dizer, primeiramente, o que ele não é. Em 1972, Deleuze e Guattari nos dizem que "o corpo sem órgãos não é a testemunha de um nada original, muito menos o resto de uma totalidade perdida. Ele não é, sobretudo, projeção; não tem nada a ver com o corpo próprio, ou com a imagem do corpo". Para compreendermos o CsO não podemos nos deter no funcionamento do corpo orgânico; abordá-lo não é o mesmo que interrogar a intencionalidade do corpo próprio compreendido como um todo onde há organização e dependência entre as partes; o CsO também não pode ser compreendido nos moldes da psicanálise, onde o fenômeno em questão seria interpretado à luz da regressão, das projeções, dos fantasmas e da imagem do corpo; o CsO também não deve ser estudado através do investimento dos saberes e dos poderes sobre o corpo, pois se ele se opõe a todos os estratos de organização, isso quer dizer que ele se opõe tanto ao estrato de organização do organismo quanto das organizações de poder. O CsO não é nem uma noção, nem um conceito, nem um estado, nem um fantasma, nem uma imagem, nem uma subjetivação. Para enfatizar a força crítica do CsO, vale a pena lembrar que o livro *Mil platôs* nos diz que em relação aos "três grandes estratos relacionados a nós" e que "nos amarram mais diretamente" — o organismo, a significância e a subjetivação —, o CsO "opõe [ao conjunto destes estratos] a desarticulação como propriedade do plano de consistência" (ou do plano de imanência em que se dão as conexões dos desejos), a "experimentação como operação sobre este plano" e o "nomadismo como movimento". Em 1993, em um de seus últimos artigos, Deleuze nos diz que "o corpo sem órgãos é um corpo afetivo, intensivo, anarquista, que só comporta polos, zonas, limiares e gradientes" (cf. "Para dar um fim ao juízo", em: *Crítica e clínica*). O CsO deve ser, então, abordado na direção de uma concepção intensiva do corpo, o qual é "ocupado, povoado por intensidades", as quais "passam e circulam" e são sempre primeiras em relação às qualidades específicas e às extensões orgânicas. São os agenciamentos e as conexões dos desejos que fazem o CsO, pois ele "faz passar as intensidades, ele as produz e as distribui num *spatium* ele mesmo intensivo, não extenso". O que é CsO? Ele "é matéria que ocupará o espaço em tal ou qual grau — grau que corresponde às intensidades produzidas. Ele é matéria intensa e não formada, não estratificada, matriz intensiva, intensidade = 0, mas nada há de negativo neste zero, não existem intensidades negativas nem contrárias. Matéria igual a energia. Produção do real com grandeza intensiva a partir de zero". O CsO é feito de platôs, mas isso não quer dizer que ele seja contrário, por exemplo, aos órgãos, pois não são os órgãos seus "inimigos", mas, sim, o organismo, ou antes, "a organização dos órgãos que se chama organismo" ou "a organização orgânica dos órgãos". Aqui, o organismo não é senão um "estrato sobre o CsO", ou seja, "um fenômeno de acumulação, de coagulação, de sedimentação que lhe impõe formas, funções, ligações, organizações dominantes e hierarquizadas, transcendências organizadas para extrair um trabalho útil". Como compreender a relação entre os estratos entendidos como "liames, pinças" e o CsO vivido como pura intensidade? Ora, os organismos, a significação e o sujeito pertencem a estratos que não podem estar totalmente separados do plano de conexões do desejo que é o CsO, pois ele "oscila entre dois polos: de um lado, as superfícies de estratificação sobre as quais ele é rebaixado e submetido ao juízo, e, por outro lado, o plano de consistência no qual ele se desenrola e se abre à experimentação". Dito de outro modo: o CsO é um "combate perpétuo e violento entre o plano de consistência, que libera o CsO, atravessa e desfaz todos os estratos, e as superfícies de estratificação que o bloqueiam ou rebaixam". Recapitulemos: o CsO opõe-se à articulação, à organização, ao organismo, mas também ao significante e ao significado ("intérprete e interpretado"), assim como ao sujeito fixado ("sujeito de enunciado rebatido sobre um sujeito de enunciado"). Mas, atenção, desfazer-se do organismo "nunca foi matar-se, mas abrir o corpo a conexões que supõem todo um agenciamento, circuitos, conjunções, superposições e limiares, passagens e distribuições de intensidades, territórios e desterritorializações medidas à maneira de um agrimensor" ("arrancar a consciência do sujeito para fazer dela um meio de exploração, arrancar o inconsciente da significância e da interpretação para fazer dele uma verdadeira produção, não é seguramente nem mais nem menos difícil do que arrancar o corpo do organismo"). Neste ponto, o texto de *Mil platôs* nos diz que é preciso ter, então, "prudência", pois, em relação ao organismo, seria preciso dizer que "é necessário guardar o suficiente do organismo para que ele se recomponha a cada aurora". O que é o mesmo que dizer que ao se fazer um CsO, ou seja, ao deixar-se atravessar por uma poderosa vitalidade não orgânica, é preciso que haja conexões entre as intensidades do CsO e a saúde orgânica do corpo; é preciso, também, guardar "pequenas provisões de significância e de interpretação"; e, enfim, também é preciso guardar "pequenas rações de subjetividade". Para atingirmos o CsO e o plano de imanência que lhe é próprio, não podemos desestratificá-lo de modo grosseiro e brutal, o que levaria à morte. Por quê? "Porque o CsO não para de oscilar entre as superfícies que o estratificam e o plano que o libera": "liberem-no com um gesto demasiado violento, façam saltar os estratos sem prudência e vocês mesmos se matarão, encravados num buraco negro, ou mesmo envolvidos numa catástrofe, ao invés de traçar um plano. O pior não é permanecer estratificado — organizado, significado, sujeitado —, mas precipitar os estratos numa queda suicida ou demente, que os faz recair sobre nós, mais pesados do que nunca". Para liberar as linhas de fuga, as conexões do desejo, é necessário seguir um "programa"; ao contrário, não se compreende que o benefício do CsO seja, precisamente, aumentar nossa potência de agir. Para entender bem esta ideia é preciso insistir no fato de que o CsO "é um exercício, uma experimentação"; ele é uma "prática, um conjunto de práticas"; ele é um "limite", uma tendência: "não se termina nunca de chegar a ele", "há sempre um estrato atrás de um outro estrato, um estrato engastado em outro estrato". Se o CsO "é o que resta quando tudo foi retirado" (órgãos, fantasmas, subjetivações), resta-nos, então, "conectar", "conjugar", "continuar". Para se fazer um CsO é necessário "instalar-se sobre um estrato, experimentar as oportunidades que ele nos oferece, buscar aí um lugar favorável, eventuais movimentos de desterritorialização, linhas de fuga possíveis, vivenciá-las, assegurar aqui e ali conjunções de fluxo, experimentar segmento por segmento dos contínuos de intensidades, ter sempre um pequeno pedaço de uma nova terra". O CsO é, então, "conexão dos desejos, conjunção de fluxos, *continuum* de intensidades". Portanto, trata-se de um corpo aquém da determinação orgânica ou da rígida estruturação biológica; aqui, o organismo aprisiona o corpo. No CsO os órgãos estão em pleno vir-a-ser. O CsO revela uma nova concepção do corpo, ou antes, uma nova cartografia do corpo. Desse ponto de vista, não se trata de ater-se exclusivamente às formas e aos órgãos. Essa cartografia do CsO deve pôr em relevo as composições das forças, dos afetos e dos desejos, o que termina por renovar a relação entre o corpo, as forças e as formas orgânicas. É neste contexto que compreendemos o fato de que tanto as formas quanto os órgãos são colocados em segundo plano em relação à descrição do CsO como ovo, o qual exprime uma vitalidade não orgânica de um tecido que não foi estabilizado sob a forma do órgão. O ovo é capaz de assumir infinitas transformações. Em *Mil platôs* podemos constatar uma verdadeira sinonímia entre eles: "o CsO é o ovo" e "o ovo é o CsO". Por um lado, "o CsO é o ovo": aqui, CsO e ovo não são equivalentes à nenhuma espécie de regressão, pois o ovo é "contemporâneo por excelência, carrega-se sempre consigo, como seu próprio meio de experimentação, seu meio associado. O ovo é o meio da intensidade pura, o *spatium* e não *extensio*, intensidade Zero como princípio de produção. Existe uma convergência fundamental entre a ciência e o mito, entre a embriologia e a mitologia, entre o ovo biológico e o ovo psíquico ou cósmico: o ovo designa sempre esta realidade intensiva, não indiferenciada, mas onde as coisas, os órgãos, se distinguem unicamente por gradientes, migrações, zonas de vizinhança". Aqui, as formas são subordinadas às variações intensivas que as determinam. Dizer que o CsO é o ovo é o mesmo que dizer que ele é um "meio intensivo" e, como afirma Deleuze em um curso, "são os limiares de intensidade que determinam tal ou tal forma, é como se a subordinação entre formas e intensidades fosse invertida" (cf. *Curso de Vincennes 21/01/1974*). Há, então, um "*continuum* intensivo das substâncias" onde não há mais formas, ou antes, as formas são segundas em relação aos limiares e às ondas de intensidade. O que determina as formas como produtos secundários são as migrações, ou seja, mudanças de intensidades. Por outro lado, "o ovo é o CsO". Isto é compreensível se insistirmos no fato de que o CsO é "adjacente" ao organismo e, assim como o ovo, não existe antes do organismo. O ovo não é nosso passado, isto nos colocaria novamente nas vias da regressão. Uma vez que consideramos o ovo como "estritamente contemporâneo de nós mesmos, ou seja, cada um trazendo seu ovo consigo", é preciso sublinhar que aquilo que Deleuze chama de "ovo de alguém" é "seu meio de experimentação". E, como ele diz no curso citado, não se trata do retorno à mãe, pois o ovo é "a placenta estritamente contemporânea de nós mesmos, é finalmente o meio da estrita contemporaneidade"; o ovo é "o plasma contemporâneo em relação ao qual pai ou mãe e criança são estritamente contemporâneos uns dos outros". Trata-se do meio contemporâneo no qual e em relação ao qual não podemos estabelecer uma sucessão. Deste ponto de vista, o ovo é "a matéria intensiva contemporânea de toda experimentação como tal", ou seja, ele é o CsO.

# BIBLIOGRAFIA

ARISTÓTELES. *De anima*. Tradução de Maria Cecília Gomes dos Reis. São Paulo: Ed. 34, 2006.

BERGSON, H. *Matéria e memória. Ensaio sobre a relação do corpo com o espírito*. Tradução de Paulo Neves da Silva. São Paulo: Martins Fontes, 1990.

_____. *Les deux sources de la morale et de la religion*. In: *Œuvres*. Paris: Puf, 1970.

_____. "A alma e o corpo". In: *Cartas, conferências e outros escritos*. Tradução de Franklin Leopoldo e Silva. São Paulo: Abril Cultural, 1979. (Os pensadores)

BIRAN, M. *Essai sur les fondements de la psychologie*. Paris: Vrin, 2001.

DESCARTES, R. *Discurso do método. Para bem conduzir a própria razão e procurar a verdade nas ciências*. In: *Discurso do método. Meditações; Objeções e respostas; As paixões da alma; Cartas*. Tradução de J. Guinsburg e Bento Prado Junior. São Paulo: Abril Cultural, 1973. (Os pensadores)

_____. Objeções e respostas. In: *Discurso do método. Meditações; Objeções e respostas; As paixões da alma; Cartas*. Tradução de J. Guinsburg e Bento Prado Junior. São Paulo: Abril Cultural, 1973. (Os pensadores)

DESCARTES, R. As paixões da alma. In: *Discurso do método. Meditações; Objeções e respostas; As paixões da alma; Cartas* . Tradução de J. Guinsburg e Bento Prado Junior. São Paulo: Abril Cultural, 1973. (Os pensadores)

DESCARTES, R. *Cartas*. In: *Discurso do método. Meditações; Objeções e respostas; As paixões da alma; Cartas*. Tradução de J. Guinsburg e Bento Prado Junior. São Paulo: Abril Cultural, 1973. (Os pensadores)

DELEUZE, G. *Francis Bacon: lógica da sensação*. Tradução de Roberto Machado (coordenação) et alii. Rio de Janeiro: Jorge Zahar, 2007.

_____. *Crítica e clínica*. Tradução de Peter Pál Pelbart. São Paulo: Ed. 34, 1997.

_____. *Lógica do sentido*. Tradução de Roberto Salinas Fortes. São Paulo: Perspectiva, 2007.

_____. *Cours à Vincennes du 21 janvier 1974*. Disponível em: http://www.le-terrier.net/deleuze/

DELEUZE, G. & GUATTARI, F. *Capitalisme et schizophrénie. L'anti-Œdipe*. Paris: Les Edition Minuit, 1972.

_____. *Capitalismo e esquizofrenia. Mil platôs*. Tradução de Ana Lúcia de Oliveira (coord.) et alii. Rio de Janeiro: Ed. 34, 1996, vol. 3.

ESPINOSA, B. *Ética. Demonstrada à maneira dos geômetras*. In: *Pensamentos metafísicos; Tratado da correção do intelecto; Ética; Tratado político; Correspondência*. Tradução de Joaquim de Carvalho et alii. São Paulo: Abril Cultural, 1979. (Os pensadores)

FOUCAULT, M. *Vigiar e punir: nascimento da prisão*. Tradução de Raquel Ramalhete. Petrópolis: Vozes, 2009.

_____. *História da sexualidade I: a vontade de saber*. Tradução de Maria Thereza Albuquerque e J. A. Guilhon, Rio de Janeiro: 1988.

FOUCAULT, M. *Em defesa da sociedade. Curso no Collège de France (1975-1976)*. Tradução de Maria Ermantina Galvão. São Paulo: Martins Fontes, 2005.

GOLDSTEIN, K. *La structure de l'organisme. Introduction à la biologie à partir de la pathologie humaine*. Tradução de E. Burckhardt e J. Kuntz. Paris: Gallimard, 1983.

HEIDEGGER, M. *Ser e tempo*. Tradução de Márcia de Sá Cavalcante. Petrópolis: Vozes, 1997.

HOMERO. *Ilíada*. Tradução de Odorico Mendes. Cotia: Ateliê Editorial, 2008.

HUSSERL, E. *Problèmes fondamentaux de la phénoménologie*. Tradução de Jacques English. Paris: Puf, 1991.

_____. *Méditations cartésiennes et Les Conférences de Paris*. Tradução de Marc de Launay. Paris: Puf, 2007.

_____. *Idées directrices pour une phénoménologie et une philosophie phénoménologique pures. Livre Second. Recherches phénoménologiques pour la constitution*. Tradução de Eliane Escoubas. Paris: Puf, 2004.

KANT, I. *Crítica da razão pura*. Tradução de Valerio Rohden e Udo Baldur Moosburger. São Paulo: Abril Cultural, 1983. (Os pensadores)

MERLEAU-PONTY, M. *A estrutura do comportamento*. Tradução de Márcia de Aguiar. São Paulo: Martins Fontes, 2006.

_____. *Fenomenologia da percepção*. Tradução de Carlos Alberto Ribeiro de Moura. São Paulo: Martins Fontes, 1996.

_____. *A prosa do mundo*. Tradução de Paulo Neves. São Paulo: Cosac & Naify, 2002.

_____. *Signos*. Tradução de Maria Ermantina Pereira. São Paulo: Martins Fontes, 1991.

_____. *O visível e o invisível*. Tradução de José Arthur Gianotti. São Paulo: Perspectiva, 1999.

NIETZSCHE, F. *O livro do filósofo*. Tradução de Ana Lobo. Porto-Portugal: Rés, 1984.

_____. *Genealogia da moral. Uma polêmica*. Tradução de Paulo César de Souza. São Paulo: Companhia das Letras, 2002.

_____. *A gaia ciência*. Tradução de Paulo César de Souza. São Paulo: Companhia das Letras, 2001.

NIETZSCHE, F. *Fragments posthumes, printemps-automne 1884*. In: *Œuvres philosophiques completes*. Editado por Giorgio Colli e Mazzino Montinari. Tradução de Jean Launay. Paris: Gallimard, 1982, vol. X.

_____. *Fragments posthumes, autonne 1884-automne 1885*. In: *Œuvres philosophiques completes*. Edição de Giorgio Colli e Mazzino Montinari; tradução de M. Haar e Marc Launay. Paris: Gallimard, 1982, vol. XI.

_____. *Vontade de potência*. Tradução de Marcos Fernandes e Francisco de Moraes. Rio de Janeiro: Contraponto, 2008.

_____. *Aurora. Reflexões sobre os preconceitos morais*. Tradução de Paulo César de Souza. São Paulo: Companhia das Letras, 2004.

_____. *Além do bem e do mal. Prelúdio a uma filosofia do futuro*. Tradução de Paulo César de Souza. São Paulo: Companhia das Letras, 2002.

_____. *Assim falou Zaratustra. Um livro para todos e para ninguém*. Tradução de Mário da Silva. Rio de Janeiro: Bertrand Brasil, 1995.

PLATÃO. *Fedro*. Tradução de Carlos Alberto Nunes. Belém: UFPA, 2007.

_____. *Fédon*. In: *Diálogos; O banquete; Fédon; Sofista; Político*. Tradução de Jorge Peleikat e João Cruz Costa. São Paulo: Abril Cultural, 1972. (Os pensadores)

_____. *Crátilo*. Tradução de Carlos Alberto Nunes. Belém: UFPA, 2001.

_____. *O banquete*. In: *Diálogos*. Tradução de José Cavalcante de Souza. São Paulo: Abril Cultural, 1972. (Os pensadores)

_____. *Timeu*. Tradução de Carlos Alberto Nunes. Belém: UFPA, 1986.

_____. *Filebo*. Tradução de Carlos Alberto Nunes. Documento digitalizado pelo grupo de discussão Acropolis (Filosofia). Disponível em: http//br.egroups.com/group/acropolis/

SCHILDER, P. *L'image du corps. Étude des forces constructives de la psyché*. Tradução de François Gantheret e Paule Truffert. Paris: Gallimard, 2004.

SÓFOCLES. "Antígona". In: *Trilogia tebana*. Tradução de Mário da Gama Cury. Rio de Janeiro: Jorge Zahar, 2008.

XENOFONTE. *Memoráveis*. In: *A pintura*. Vol. 6: A figura humana. Organização de Jacqueline Lichtenstein; tradução de Nadeije Laneyrie-Gagen (coord.). São Paulo: Ed. 34, 2004.